Professional English

GW00991962

WIRTSCHAFT

Englisch-Deutsch
Deutsch-Englisch

Neil Deane

Compact Verlag

© 2002 Compact Verlag München
Alle Rechte vorbehalten. Nachdruck, auch auszugsweise,
nur mit ausdrücklicher Genehmigung des Verlages gestattet.
Chefredaktion: Ilse Hell
Redaktion: Alexandra Pawelczak, Julia Kotzschmar
Redaktionsassistenz: Ariane Busch, Nicole Weber
Fachredaktion: Renate Jaeger
Produktion: Martina Baur, Susana Spatz
Umschlaggestaltung: Inga Koch

ISBN: 3-8174-7515-2
7175151

Besuchen Sie uns im Internet: www.compactverlag.de

Vorwort

Das sichere Beherrschen des modernen Business English ist heute eine der wichtigsten Voraussetzungen für geschäftlichen und beruflichen Erfolg. Wer heute im Beruf weiterkommen will, muss mit internationalen Geschäftspartnern sicher kommunizieren sowie spezifisches Vokabular verstehen und anwenden können.

Dieses Nachschlagewerk bietet für den Fachbereich **Wirtschaft** eine kompetente und schnelle Hilfe in den verschiedensten Kommunikationssituationen. Das gezielt ausgewählte Fachvokabular wird durch zahlreiche, praxisnahe Beispiele in einen sprachlichen Zusammenhang gestellt.

Der **erste Teil** des Buches stellt die wesentlichen englischen Fachbegriffe in alphabetischer Reihenfolge dar. Jeder Eintrag wird übersetzt und mit Beispielsätzen und wichtigen Wortzusammensetzungen ergänzt. Im **zweiten Teil** finden Sie einen deutsch-englischen Wortschatzteil zum schnellen und sicheren Nachschlagen und Lernen. Zahlreiche nützliche Hinweise zu Sprachbesonderheiten, Landeskunde und der Geschäftswelt machen das Buch nicht nur im Büro, sondern auch auf Geschäftsreisen zu einem unverzichtbaren Nachschlagewerk.

Abkürzungen

adj	Adjektiv
adv	Adverb
jdm	jemandem
jdn	jemanden
jds	jemandes
jmd	jemand
n	Substantiv
pl	Plural
prep	Präposition
v	Verb
sb	somebody
sth	something

A

abbreviation *n*
Do you know what the abbreviation VEB means?

Abkürzung
Weißt du, was die Abkürzung VEB bedeutet?

abroad *n*
I travel abroad almost every month on business.

im Ausland, ins Ausland
Ich fahre fast jeden Monat dienstlich ins Ausland.

absolutely *adv*
"Do you agree with Bernd?"
"Absolutely!"

absolut
„Bist du auch Bernds Meinung?"
„Absolut!"

accept *v*
I'm afraid we can't accept these terms.
to accept an offer

akzeptieren, annehmen
Leider können wir diese Bedingungen nicht akzeptieren.
ein Angebot annehmen

acceptable *adj*
Your suggestion is not acceptable to us.

akzeptabel, annehmbar
Ihr Vorschlag ist für uns nicht akzeptabel.

access *n*
Do you have Internet access at work?
access time
have access to

Zugang
Hast Du in der Arbeit Internetzugang?
Zugriffszeit
Zugang haben zu

accommodation *n*
How was the accommodation on your last business trip?
cheap accommodation
poor accommodation
suitable accommodation

Unterkunft
Wie war die Unterkunft bei deiner letzten Dienstreise?
preiswerte Unterkunft
schlechte Unterkunft
passende, geeignete Unterkunft

according to *adv*
According to the report we are going to have a difficult year.
according to reports

laut, nach, zufolge
Laut dem Bericht steht uns ein schwieriges Jahr bevor.
laut Berichten

achieve *v*
We have achieved a lot this year.
to achieve a goal/target

erreichen
Wir haben dieses Jahr viel erreicht.
ein Ziel erreichen

acknowledge *v*
They haven't even acknowledged the receipt of my letter.

bestätigen
Sie haben nicht einmal den Eingang meines Briefes bestätigt.

acknowledgement *n*
We forgot to send an acknowledgement.

acknowledgement of debt

Bestätigung
Wir haben vergessen, eine Bestätigung zu schicken.
Schuldschein

actually *adv*
"You come from Düsseldorf, don't you?"
"No, actually I come from Cologne."

eigentlich, tatsächlich
„Du kommst aus Düsseldorf, oder?"
„Nein, eigentlich komme ich aus Köln."

additional *adj*
We need 20 additional crates of beer for our office party.

zusätzlich
Wir brauchen zusätzlich noch 20 Kästen Bier für unser Betriebsfest.

additionally *adv*
Additionally we will order three printers.

zusätzlich
Zusätzlich möchten wir drei Drucker bestellen.

address *n*
Write down your address on this postcard and we will put you on our mailing list.
address book

Adresse, Anschrift
Schreiben Sie Ihre Adresse auf diese Postkarte und wir setzen Sie auf unsere Verteilerliste.
Adressbuch

addressee *n*
He had clearly written the addressee on the form.

Empfänger
Er hatte den Empfänger deutlich auf das Formular geschrieben.

administration *n*
The administration in our company is getting bigger and bigger.
public administration

Verwaltung
Die Verwaltung in unserer Firma wird immer größer.
öffentliche Verwaltung

admire *v*
We all admire the quality of these products.

bewundern
Wir bewundern alle die Qualität dieser Produkte.

advantage *n*
Our price is our biggest advantage.
to take advantage of a situation

Vorteil
Unser Preis ist unser größter Vorteil.
eine Situation ausnutzen

advertise *v*
We only advertise in specialist journals.

werben, Werbung machen
Wir werben nur in Fachzeitschriften.

advertisement *n*
This advertisement costs DM 40 per line.

Anzeige
Diese Anzeige kostet 40 DM pro Zeile.

advertising *n*
Advertising is often aimed at Yuppies.

Werbung
Die Zielgruppe der Werbung sind oft Yuppies.

advice *n*
Can I give you some advice? Don't buy shares!
friendly advice
professional advice

Ratschlag, Ratschläge
Kann ich dir einen Ratschlag geben? Kaufe keine Aktien!
gut gemeinter Rat
Fachberatung

advise *v*
I would advise you to invest your money in the old economy, like chemicals and engineering companies.

raten
Ich würde Ihnen raten, in die "Old Economy" zu investieren, wie z. B. in Chemie- und Technik-Firmen.

afford *v*
We can't afford an expensive holiday this year so we are visiting my brother in Munich.

sich leisten
Wir können uns dieses Jahr keinen teuren Urlaub leisten und aus diesem Grund besuchen wir meinen Bruder in München.

African *adj*
Some African states are making big progress economically.

afrikanisch, Afrikaner/in
Einige afrikanische Staaten machen große wirtschaftliche Fortschritte.

after *prep*
After the sight seeing tour we had our evening meal.

nach
Nach der Stadtrundfahrt haben wir zu Abend gegessen.

after-sales service *n*
Their after-sales service is excellent.

Kundendienst
Ihr Kundendienst ist ausgezeichnet.

agenda *n*
"What points are on the agenda today?" "Well, the main one is our project in Hungary."
to fix the agenda

Tagesordnung
„Was steht heute auf der Tagesordnung." „Nun also, das Hauptthema ist unser Projekt in Ungarn."
die Tagesordnung festlegen

agree *v*
I totally agree with Jürgen on this point.

to agree to do something

sich einigen, eine Meinung teilen
Ich teile in diesem Punkt ganz Jürgens Meinung.
sich bereit erklären, etwas zu tun

agreement *n*
I thought we had an agreement that we would not discuss this matter?
a strict agreement
a loose agreement

Abmachung, Vereinbarung
Ich dachte wir hätten vereinbart, dieses Thema nicht zu besprechen?
eine feste Abmachung
eine lose Abmachung

aim *n*
Our aim is to increase sales by 5 %.

realistic aims
unrealistic aims

Ziel
Unser Ziel ist es, den Umsatz um 5 % zu erhöhen.
realistische Ziele
unrealistische Ziele

airport *n*
Can you take me to the airport, please?
airport bus
airport tax
airport terminal

Flughafen
Können Sie mich zum Flughafen bringen?
Flughafenbus
Flughafengebühr
Abfertigungshalle

alternative *n*
I'm afraid we have no alternative.
alternative forms of energy

Alternative
Leider haben wir keine Alternative.
alternative Energiequellen

American *adj/n*

amerikanisch, Amerikaner/in

American normally means somebody from the USA, so it is important to be specific if you are talking about somebody from South America (also known as Latin America), for example, from Brazil, Mexico, Argentina, etc. A Native American is the term used to describe somebody who used to be called Indian, Ethnic Americans is the neutral term used to describe Black Americans.

amount *n*
The amount on the bill did not corres-pond with the amount which was debited from our account. We ask you to check this immediately.
considerable amounts
total amount
fixed amount
horrendous amounts of money

Betrag, Summe
Der Betrag auf der Rechnung stimmte nicht mit dem Betrag überein, der von unserem Konto abgebucht wurde. Wir bitten Sie, das sofort zu prüfen.
beträchtliche Summen
Gesamtbetrag
Festbetrag
horrende Geldsummen

anecdote *n*
His anecdotes can be quite entertaining sometimes but when he repeats the same stories over and over again it gets boring.

Anekdote
Seine Anekdoten können mal ganz unterhaltsam sein, aber wenn er immer wieder dieselben Geschichten erzählt, wird es langweilig.

annual *adj*
Annual sales this year are high compared to last year.
annual income
annual holiday
annual report
annual general meeting

jährlich
Der Jahresumsatz ist im Vergleich zum letzten Jahr hoch.
Jahreseinkommen
Jahresurlaub
Jahresbericht
Jahreshauptversammlung

annually *adv*
We annually observe new markets.

jährlich
Wir beobachten jedes Jahr neue Märkte.

answering machine *n*
I left a message on his answering machine.

Anrufbeantworter
Ich habe auf seinen Anrufbeantworter gesprochen.

apologise *v*
We would like to apologise for the late delivery of the goods.

sich entschuldigen
Wir möchten uns für die verspätete Lieferung der Waren entschuldigen.

apology *n*
We have received an apology from the company and as far as we are concerned the matter is forgotten.
a formal apology
an official apology
a written apology

Entschuldigung
Wir haben eine Entschuldigung von der Firma bekommen und für uns ist die Sache erledigt.
eine formelle Entschuldigung
eine offizielle Entschuldigung
eine schriftliche Entschuldigung

appetiser *n*
"Would you like an appetiser?"
"No thanks, but I'll have a dessert later if that's o.k."

Vorspeise
„Möchten Sie eine Vorspeise?"
„Nein danke, aber ich nehme später eine Nachspeise."

application *n*
Please send in your application by 13th July at the latest.
I sent in my application for a new visa last week and I haven't heard anything.
an application form
a written application

Bewerbung, Antrag
Schicken Sie Ihre Bewerbung bis spätestens 13. Juli.
Ich habe meinen Visaantrag letzte Woche geschickt und habe noch nichts gehört.
ein Bewerbungsformular
eine schriftliche Bewerbung

appointment *n*
Mr Jones is unable to come to the meeting because he has an appointment at 2 o'clock at the bank.
to cancel an appointment
to make an appointment

Termin
Herr Jones kann zur Besprechung nicht kommen, da er um 14.00 Uhr einen Termin bei der Bank hat.
einen Termin absagen
einen Termin vereinbaren

approach *n*
Which approach do you take when dealing with former communist countries in Central and Eastern Europe?

Ansatz
Wie gehen Sie vor, wenn Sie mit ehemaligen Ostblockländern handeln?

appropriate *adj*
This was not appropriate behaviour in these circumstances.
appropriate action
appropriate dress

geeignet, passend, angemessen
Unter diesen Umständen war das Benehmen nicht angemessen.
geeignete Maßnahme
angemessene Kleidung

approval *n*
"Do I have your approval?"
"Yes, you have my approval as long as it doesn't cost too much."
to give approval

Genehmigung
„Habe ich Ihre Genehmigung?"
„Ja, haben Sie, solange es nicht zu viel kostet."
die Genehmigung erteilen

approve

approve v
My passport application has been approved.

genehmigen
Mein Antrag auf ein Visum ist genehmigt worden.

arrange v
We have arranged accommodation in the Adelphi hotel.

arrangieren
Wir haben eine Unterkunft im Adelphi Hotel arrangiert.

arrival n
Could you tell me the arrival time of the Glasgow train?
to delay the arrival
to await arrival

Ankunft
Könnten Sie mir die Ankunftszeit des Zuges aus Glasgow sagen?
die Ankunft verzögert sich
nicht nachsenden

arrive v
We arrived half an hour late.

ankommen
Wir kamen eine halbe Stunde später an.

asap *(as soon as possible)*

so schnell wie möglich

Asap is a very informal way of writing information which is always the same. You should only use it when you know people very well. It is a little like m.f.G. in German.

attach v
I attach the documents you require and look forward to hearing from you soon.

beifügen, anlegen
Ich füge die Unterlagen bei und freue mich darauf, bald von Ihnen zu hören.

attachment n
There are 4 attachments with this letter.

Anlage
Bei diesem Brief sind 4 Anlagen beigefügt.

attend v
I attended primary school here.
to attend a conference
to attend to a complaint

teilnehmen, besuchen
Ich habe hier die Grundschule besucht.
an einer Konferenz teilnehmen
sich um eine Beschwerde kümmern

attend to v
She attends to the daily mail.
to attend to a customer

sich kümmern um
Sie kümmert sich um die tägliche Post.
einen Kunden betreuen

attitude n
She has radical attitudes towards male bosses.
an attitude problem
attitude research

Einstellung, Haltung
Sie hat eine radikale Einstellung männlichen Chefs gegenüber.
ein Problem der Einstellung
Meinungsumfrage

Attn
Attn: Mr Smith
for the attention of

z. H.
z. H. Herrn Smith
zu Händen von

Australian *adj*
I'm going on a business trip to an Australian firm next year.

australisch, Australier/in
Ich mache nächstes Jahr eine Geschäfts-reise zu einer australischen Firma.

available *adj*
I'm afraid the T13 model is not available at the moment.
We will contact you as soon as they are available.

verfügbar, lieferbar
Leider ist das T13 Modell zurzeit nicht lieferbar.
Wir melden uns sobald sie lieferbar sind.

average *adj*
The average life span of our products is 5 years.

durchschnittlich
Die durchschnittliche Lebensdauer unserer Produkte beträgt 5 Jahre.

average *n*
"In good weeks we produce 2,000 cyl-inder heads per day."
"And what's the average?"
"About 1,600."
on average

der Durchschnitt
„In guten Wochen stellen wir 2.000 Zy-linderköpfe pro Tag her."
„Und was ist der Durchschnitt?"
„Etwa 1.600."
im Durchschnitt

B

bank *n*
We have been with this bank for many years.
bank charges
bank manager
bank sorting code
bank transfer
electronic banking

die Bank
Wir sind seit Jahren Kunde bei dieser Bank.
Bankgebühren
Bankdirektor
Bankleitzahl
Banküberweisung
Homebanking

bargain *n*
The car was a real bargain for only DM 8,000.

ein Schnäppchen
Für DM 8.000 war der Wagen ein echtes Schnäppchen.

based *adj*
Our company is based in Manchester.

ansässig
Unsere Firma ist in Manchester ansässig.

basically *adj*
Basically it is an attitude problem.

im Grunde (genommen)
Im Grunde ist es ein Problem der Einstellung.

basics *n* *I'm doing a course called "The Basics of Computer Aided Design".* **to get back to basics** **basic training**	**Grundlagen** *Ich nehme an einem Kurs „Die Grundlagen des CAD teil."* **sich auf das Wesentliche besinnen** **Grundausbildung**
become *v*	**werden**

"Become" does not mean "bekommen". If you say "Can I become a rump steak" you are saying: "Kann ich ein Rumpsteak werden?"!

Belgian *adj* *Belgian companies are expanding into South East Asia.*	**belgisch, Belgier/in** *Belgische Firmen expandieren nach Südostasien.*
Belgium *n* *Belgium is ideally placed for our business plans.*	**Belgien** *Für unsere Geschäftspläne ist Belgien der ideale Standort.*
benchmark *n* *The quality of our competitors' products is our benchmark.* **to use as a benchmark**	**angestrebter Standard** *Die Qualität der Produkte unserer Konkurrenz ist der von uns angestrebte Standard.* **als Standard nutzen**
benefits *n* *What is the main benefit of this location?* **fringe benefit** **sick benefit**	**Vergünstigungen, Vorteile** *Was ist der Hauptvorteil dieses Standortes?* **Zusatzleistung** **Krankengeld**
bill *n* *"Can we have the bill, please?"* **to run up a bill**	**Rechnung** *„Können wir zahlen?"* **eine Rechnung auflaufen lassen**
bill *v* *We billed you on 4 th June and still haven't received payment from you.*	*jdm* **eine Rechnung stellen** *Wir haben Ihnen am 4. Juni eine Rechnung gestellt und haben immer noch keine Bezahlung erhalten.*
Bless you!	**Gesundheit!**
board of directors *n* *The board of directors have decided that the launching of the new product*	**der Vorstand** *Der Vorstand hat beschlossen, dass die Einführung des neuen Produktes auf*

should be postponed till the beginning of September.
board of directors meeting

| | |
Anfang September verschoben werden soll.
Vorstandsbesprechung

bonus *n*
To have the university close to our headquarters is a real bonus for our R + D department.

Christmas bonus
bonus payment

Bonus, Pluspunkt
Dass sich die Universität in der Nähe unseres Hauptsitzes befindet, ist ein echter Pluspunkt für unsere Forschungs- und Entwicklungsabteilung.
Weihnachtsgeld
Zusatzzahlung

book *v*
"Can I book a room for 3 nights?"

"Sorry we're booked up."
booking fee
to book a table

buchen
„Kann ich ein Zimmer für drei Nächte buchen?"
„Tut mir Leid, wir sind ausgebucht."
Buchungsgebühr
einen Tisch reservieren

boom *n*
The boom in high-tech shares seems over.

an economic boom
a boom period

Aufschwung, Boom
Der Boom bei den Hightechaktien scheint vorbei zu sein.
ein Wirtschaftsaufschwung
eine Periode wirtschaftlichen Aufschwungs

boom *v*
Business in the pharmaceuticals sector is booming at the moment.

blühen
Das Geschäft im Pharmasektor blüht zurzeit.

booming *adj*
Engineering and telecommunications remain booming business.

booming areas

blühend
Blühende Branchen sind nach wie vor das Ingenieurwesen und die Telekommunikation.
blühende Branchen

boring *adj*
Meetings can be very boring. They are, however, necessary.

langweilig
Besprechungen können sehr langweilig sein. Sie sind jedoch notwendig.

branch *n*
I work in our Düsseldorf branch.

branch manager

Zweigstelle, Niederlassung
Ich arbeite in der Düsseldorfer Zweigstelle.
Filialleiter

branch out *v*
We plan to branch out into management training next year.

ausdehnen
Wir beabsichtigen im kommenden Jahr unsere Unternehmungen auf das Managementtraining auszudehnen.

Brazil *n* *Brazil's national debt*	Brasilien *die Staatsverschuldung Brasiliens*
Brazilian *adj* *We have been neglecting the Brazilian market.*	brasilianisch *Wir haben den brasilianischen Markt vernachlässigt.*
breach *n* *What you have done is a clear breach of contract.*	Bruch *Was Sie gemacht haben, ist ein klarer Vertragsbruch.*
break into *v* *We have been trying to break into the Polish market for years.*	sich auf einem Markt behaupten *Wir versuchen seit Jahren, uns auf dem polnischen Markt zu behaupten.*
breakthrough *n* *After getting this contract we have finally made the breakthrough.* **to achieve a/the breakthrough**	Durchbruch *Nachdem wir diesen Auftrag bekommen haben, haben wir den Durchbruch geschafft.* **den/einen Durchbruch erzielen**
brief *adj* *"Can I have a brief word with you about tomorrow's meeting."*	kurz *„Kann ich Sie wegen der morgigen Besprechung kurz sprechen?"*
briefcase *n*	Aktentasche, Aktenmappe

Briefcase is the general word for a bag used by business people to transport documents, papers, letters, etc. The word "bag" is used for shopping and for private use. An attaché case is similar to a briefcase, but may be smaller and be made of stronger material.

bring forward *v* *I am writing to ask you if we can bring forward our appointment to 14th May.* **bring forward a meeting**	(einen Termin) vorziehen, vorverlegen *Ich schreibe Ihnen, um Sie zu bitten, unseren Termin auf den 14. Mai vorzuziehen.* **eine Besprechung vorverlegen**
bring out *v* *They are bringing out a new series of DVD players next year.*	herausbringen *Sie bringen nächstes Jahr eine neue Reihe von DVD-Spielern heraus.*
brochure *n* *We have printed some new brochures.* **sales brochure**	Broschüre *Wir haben neue Broschüren.* **Verkaufsbroschüre**

budget *n*
We have just completed our budget and we need to save a lot of money next year.

keep/stick to a budget
an annual/sales budget
to draw up/plan a budget

Finanzplan, Etat
Wir haben gerade unseren Haushaltsplan fertiggestellt und wir müssen nächstes Jahr umfangreiche Einsparungen vornehmen.
einen Finanzplan einhalten
ein Jahres-/Verkaufsplan
einen Finanzplan erstellen

budget *v*
We didn't budget for these extra costs.

Kosten einplanen
Wir haben diese Zusatzkosten nicht eingeplant.

Bulgaria *n*
Tourism is Bulgaria's main source of foreign currency.

Bulgarien
Der Tourismus ist Bulgariens Hauptquelle für ausländische Währung.

Bulgarian *adj*
Bulgarian companies are keen to contact Western countries.

bulgarisch
Bulgarische Firmen sind sehr interessiert am Kontakt mit westlichen Ländern.

bureaucracy *n*
Bureaucracy in the former Soviet Union is still a big problem.

Bürokratie
Bürokratie ist immer noch ein Problem in der ehemaligen Sowjetunion.

business card *n*

Visitenkarte

Business cards play different roles in different cultures. In most European and North American countries they are simply a way of giving your business partner basic information about how you can be reached, i.e. by letter, phone or e-mail. In Japan, the business card must be given at the beginning of a meeting and be read carefully. If you do not do this, it is impolite.

to give somebody your business card
to exchange business cards

jdm seine Visitenkarte geben
Visitenkarten austauschen

business hours *n*
Our business hours are on the door.

Geschäftszeiten
Unsere Geschäftszeiten stehen an der Tür.

business trip *n*
I have a business trip planned.
to be on a business trip
to be on business
to cancel a business trip
to go on a business trip

Dienstreise, Geschäftsreise
Ich habe eine Geschäftsreise geplant.
auf Geschäftsreise sein
geschäftlich/dienstlich da sein
eine Dienstreise absagen
eine Geschäftsreise antreten

busy *adj* *"I can't speak now, I'm busy.* *Can you call back later?"*	beschäftigt *„Ich kann jetzt nicht sprechen, ich bin* *beschäftigt. Können Sie später zurück-* *rufen?"*
buy *n* *The coffee machine was a good buy.*	Kauf *Die Kaffeemaschine war ein guter Kauf.*
buy *v* *We bought the desks last year.* **to buy in bulk**	kaufen *Wir haben die Schreibtische letztes Jahr* *gekauft.* **in großen Mengen kaufen**
by-product *n* *The new contract is a by-product of our* *sales trip to Russia last year.*	Nebenprodukt *Der neue Auftrag ist ein Nebenprodukt* *unserer Geschäftsreise letztes Jahr nach* *Russland.*

C

call *v* *"I'll call you tomorrow. What's the best* *time to reach you?"*	anrufen, rufen *„Ich rufe dich morgen an. Wann kann ich* *dich am besten erreichen?"*
campaign *n* *The "kill the debt" campaign is an* *interesting attempt to help third world* *countries.* **advertising campaign** **sales campaign**	Kampagne, Aktion *Die"kill-the-debt" Kampagne ist ein* *interessanter Versuch, Ländern der* *Dritten Welt zu helfen.* **Werbeaktion** **Verkaufsaktion**
cancel *v* *We have to cancel our order for 75 PCs.* **to cancel an appointment** **to cancel a meeting**	stornieren, absagen *Wir müssen unsere Bestellung von 75 PCs* *stornieren.* **einen Termin absagen** **eine Besprechung absagen**
capital *n* *Many companies go bankrupt because of* *too little starting capital.* **venture capital** **to borrow capital**	Kapital *Viele Firmen gehen Bankrott wegen* *fehlendem Startkapital.* **Risikokapital** **Kapital ausleihen**
capital city *n* *Paris is my favourite capital city.* *Rome is the most beautiful capital* *city I have ever visited.*	Hauptstadt *Paris ist meine Lieblingshauptstadt.* *Rom ist die schönste Hauptstadt, die ich* *je besucht habe.*

careful *adj*
We will have to take a careful look at the market in the coming weeks.

vorsichtig, sorgfältig
Wir werden den Markt in den nächsten Wochen sorgfältig beobachten müssen.

carefully *adv*
We have carefully expanded.

vorsichtig, sorgfältig
Wir haben vorsichtig expandiert.

carry out *v*
The company carried out a number of market surveys.

durchführen
Die Firma hat zahlreiche Marktuntersuchungen durchgeführt.

cash *n*
I always feel nervous when I have a lot of cash on me.
cash transactions

Bargeld
Ich bin immer nervös, wenn ich viel Bargeld bei mir habe.
Bargeldtransaktionen

cause *n*
The cause of the economic problems was high unemployment. It was, however, not the only cause.

Ursache
Die Ursache der Wirtschaftsprobleme war die hohe Arbeitslosigkeit. Es war jedoch nicht die einzige Ursache.

chairman *n* (of a meeting)
It is the chairman's job to co-ordinate meetings.
vice chairman

Vorsitzender
Der Vorsitzende hat die Aufgabe, Besprechungen zu koordinieren.
stellvertretender Vorsitzender

chance *n*
We have good chances in the new market with our quality products.
to miss a chance

Chance
Wir haben mit unseren Qualitätsprodukten gute Chancen auf dem neuen Markt.
eine Chance verpassen

change *n*
The changes in Central and Eastern Europe since 1990 have been dramatic. We expect further changes in the next five years.
a fast/slow change
a gradual change

Änderung, Veränderung
Die Veränderungen in Mittel- und Osteuropa seit 1990 waren drastisch. Wir erwarten weitere Veränderungen in den nächsten fünf Jahren.
eine schnelle/langsame Veränderung
eine allmähliche Veränderung

change *v*
I have changed your timetable.
I hope it is o.k. with you.
change dramatically

ändern, verändern
Ich habe Ihren Zeitplan geändert.
Ich hoffe, es ist Ihnen recht.
drastisch verändern

charge *n*
What was the charge for the phone connection?
hidden charges
high/low charges

Preis, Gebühr
Wie hoch war die Anschlussgebühr für das Telefon?
versteckte Gebühren
hohe/niedrige Gebühren

charge *v*
They charged us the wrong price.
We complained the next day.

berechnen, belasten
Sie haben uns eine falsche Rechnung gestellt. Wir haben uns am nächsten Tag beschwert.

chart *n*
As you can see from the enclosed chart, turnover has been impressive.

Tabelle
Wie Sie der beigefügten Tabelle entnehmen können, sind die Umsätze beeindruckend.

cheap *adj*
Some supermarkets only sell cheap foods.

billig, preiswert
Einige Supermärkte verkaufen nur billige Lebensmittel.

check *v*
I have checked the sales figures.
checklist

prüfen, kontrollieren
Ich habe die Verkaufszahlen geprüft.
Checkliste

check in *v*
Please check in at gate number 7.

einchecken
Checken Sie bitte am Flugsteig 7 ein.

Cheers!

Prost!

There are other ways of saying **"Prost"**: "Bottoms up", "Here's to your health", "Down the hatch" are also popular when you have a drink with a business colleague.

China *n*
China is a difficult market.

China, Chinese/Chinesin
China ist ein schwieriger Markt.

Chinese *adj*
More and more Chinese companies are adopting Western management methods.

chinesisch
Immer mehr chinesische Firmen nehmen westliche Managementmethoden an.

chips *n*
Would you like chips with your steak?

Pommes frites
Möchten Sie Pommes frites zu Ihrem Steak?

choose *v*
I can't choose between the French and the Japanese car.

aussuchen, wählen
Ich kann mich zwischen dem französischen und dem japanischen Wagen nicht entscheiden.

claim *v*
Our competitors claim to offer better after-sales service.

behaupten
Unsere Konkurrenten behaupten, einen besseren Kundendienst anzubieten.

code *n*	**Vorwahl**
"Do you know the code for Berlin?"	*„Weißt du die Vorwahl von Berlin?"*
international code	**internationale Vorwahl**
pin code	**PIN-Code**
to dial a code	**eine Vorwahl wählen**
collaborate *v*	**kollaborieren, zusammen-arbeiten**
We are collaborating with a French company on this project.	*Wir arbeiten bei diesem Projekt mit einer französischen Firma zusammen.*
colleague *n*	**Kollege**
Many colleagues commute every day.	*Viele Kollegen pendeln jeden Tag.*
comment *n*	**Kommentar, Bemerkung**
I would like to make no comment on the developments so far.	*Ich möchte keinen Kommentar zu den bisherigen Entwicklungen abgeben.*
No comment!	**Kein Kommentar!**
comment *v*	**kommentieren, Kommentar abgeben**
He didn't comment on the news.	*Er gab keinen Kommentar zu der Nachricht ab. Dies hat mich nicht überrascht.*
This didn't surprise me.	
company car *n*	**Firmenwagen**
Everybody in the sales team gets a company car when they start with us.	*Jeder Außendienstmitarbeiter bekommt einen Firmenwagen, wenn er bei uns anfängt.*
company pension scheme	**Betriebsrente**
company turnover	**Firmenumsatz**
competitor *n*	**Konkurrent**
Our competitors are starting to dominate the market.	*Unsere Konkurrenten sind im Begriff, den Markt zu beherrschen.*
main competitor	**Hauptkonkurrent**
complain *v*	**sich beschweren**
We complained about the quality of the products and we are waiting for an answer.	*Wir haben uns über die Qualität der Produkte beschwert und wir warten auf eine Antwort.*
complaint *n*	**Beschwerde**
I read your complaint about the poor quality of our garden furniture.	*Ich habe Ihre Beschwerde bezüglich der schlechten Qualität unserer Gartenmöbel gelesen.*
complaints procedure	**Beschwerdeweg**
to receive a complaint	**eine Beschwerde erhalten**
a written complaint	**eine schriftliche Beschwerde**

comprehensive *adj*
I want a comprehensive report by Monday.

ausführlich
Ich möchte bis Montag einen ausführlichen Bericht.

concession *n*
To achieve a compromise we made some concessions.

Zugeständnis
Um einen Kompromiss zu erzielen, haben wir einige Zugeständnisse gemacht.

conclude *v*
We concluded that the customer was no longer interested in our services.
to conclude talks

abschließen, schließen
Wir schlossen daraus, dass der Kunde kein Interesse mehr an unseren Dienstleistungen hatte.
Besprechungen abschließen

conclusion *n*
We came to the conclusion that the market is saturated.

Schluss
Wir sind zu dem Schluss gekommen, dass der Markt gesättigt ist.

condition *n*
He wanted to talk about the contract conditions. I wanted to talk about our new projects.
to lay down conditions

Bedingung, Kondition
Er wollte über die Vertragsbedingungen sprechen. Ich wollte über unsere neuen Produkte sprechen.
Bedingungen festlegen

confident *adj*
I am confident about the future.

sicher, zuversichtlich
Ich sehe der Zukunft zuversichtlich entgegen.

confidential *adj*
This is confidential information, so keep it to yourself.
highly confidential

vertraulich
Es handelt sich um eine vertrauliche Information, also behalte sie für dich.
höchst vertraulich

confirm *v*
Could you confirm that you are attending our conference?
to confirm attendance
to confirm an order

bestätigen
Könnten Sie Ihre Teilnahme an unserer Tagung bestätigen?
Teilnahme bestätigen
einen Auftrag bestätigen

consequence *n*
This is the consequence of relying too much on one customer.

Folge, Konsequenz
Dies ist die Folge davon, dass wir uns zu sehr auf einen Kunden verlassen haben.

consequently *adv*
5,000 jobs have been lost in the last six months in this area. Consequently, we must expect a decrease in consumer spending.

als Folge, infolgedessen
5.000 Stellen sind in den letzten 6 Monaten abgebaut worden; infolgedessen müssen wir mit einer Abnahme der Verbraucherausgaben rechnen.

consider *v*
We are considering offering our new model at a low introductory price.

to consider carefully

betrachten, in Erwägung ziehen
Wir ziehen es in Erwägung, unser neues Produkt zu einem niedrigen Einführungspreis anzubieten.
genau überlegen

---

consignment *n*
A consignment of spark plugs has arrived.

Warenlieferung, Lieferung
Eine Lieferung Zündkerzen ist eingetroffen.

---

consist *v*
Our company consists of three departments: Sales and marketing, research and development and production.

bestehen
Unsere Firma besteht aus drei Abteilungen: Marketing und Vertrieb, Forschung und Entwicklung und Produktion.

---

consultant *n*
We used the services of a management consultant.

tax consultant

Berater
Wir haben die Dienstleistungen eines Management Consultants in Anspruch genommen.
Steuerberater

---

consumer *n*
Today's consumer is prepared to pay more for luxury items.
consumer goods

Verbraucher
Der Verbraucher von heute ist bereit, mehr Geld für Luxusartikel auszugeben.
Konsumgüter

---

contact *v*
I will contact you in the next few days.

Kontakt aufnehmen, sich melden
Ich melde mich in den nächsten Tagen bei Ihnen.

---

continue *n*
We continued talking till 10 p.m. but couldn't reach an agreement.

fortfahren, fortsetzen
Wir setzten unsere Gespräche bis 22.00 Uhr fort, konnten aber keine Vereinbarung erzielen.

---

contract *n*
Let's discuss the contract next week when we meet again.
to conclude a contract
a contract of employment
to extend a contract

Vertrag
Besprechen wir den Vertrag nächste Woche, wenn wir uns wieder treffen.
einen Vertrag abschließen
ein Arbeitsvertrag
einen Vertrag verlängern

---

contribute *v*
Mr Evans has greatly contributed to our success in these difficult years.

beitragen
Herr Evans hat sehr zu unserem Erfolg in diesen schwierigen Jahren beigetragen.

---

contribution *n*
His contribution has been tremendous.
a useful contribution

Beitrag
Sein Beitrag war enorm.
ein nützlicher Beitrag

convenient *adj*
Sending e-mails is a very convenient way of communicating. It has replaced the normal post in most countries.

a convenient excuse

günstig, bequem
Das Verschicken von E-Mails ist eine sehr bequeme Form der Kommunikation, die die normale Post in den meisten Ländern ersetzt hat.

eine bequeme Ausrede

co-ordinate *v*
She is responsible for co-ordinating the activities of the sales department abroad.

koordinieren
Sie ist verantwortlich für die Koordination der Marketingaktivitäten im Ausland.

corporate culture *n*
In large companies corporate culture plays a decisive role.

Unternehmenskultur
Bei großen Firmen spielt die Unternehmenskultur eine entscheidende Rolle.

correct *adj*
We require correct market information before launching the product.

richtig, korrekt
Wir benötigen korrekte Marktinformationen bevor wir das Produkt auf den Markt bringen.

correctly *adv*
I have understood you correctly and will take the necessary action.

richtig
Ich habe Sie richtig verstanden und werde die notwendigen Maßnahmen ergreifen.

cost-effective *adj*
Advertising in newspapers is not always cost-effective.

kostengünstig
Werbung in Zeitungen ist nicht immer kostengünstig.

costs *n*
More and more companies are reducing costs by cutting back on staff.
fixed costs
rising costs
unexpected costs

Kosten
Immer mehr Firmen senken Ihre Kosten durch Personalabbau.
Fixkosten
steigende Kosten
unerwartete Kosten

critical *adv*
We are now entering the critical phase of the marketing campaign.
critical voices

kritisch, entscheidend
Wir gehen jetzt in die entscheidende Phase der Marketingaktion.
kritische Stimmen

crucial *adj*
Christmas is a crucial time for retailers.

entscheidend
Weihnachten ist eine entscheidende Zeit für Einzelhändler.

currency *n*
I'll have to order some Bulgarian currency before my trip to Sofia.

Währung
Vor meiner Reise nach Sofia muss ich bulgarische Währung bestellen.

currency fluctuations	**Währungsschwankungen**
local currency	**inländische Währung**

current *adj*
The current situation on the job market is causing the government great concern.
current account
current affairs
current assets
current prices

aktuell, derzeitig
Die aktuelle Arbeitsmarktlage bereitet der Regierung große Sorgen.
Girokonto
aktuelle Themen
Umlaufvermögen
aktuelle Preise

curriculum vitae (CV) *n* — Lebenslauf

There is no standard way of writing a **CV**. It is useful to look in any good reference books which show basic layouts of CV's. It is important that CV's are correct, clear, complete and have some sort of chronological layout.

an up-to-date curriculum vitae	**aktueller Lebenslauf**

customary *adj*
It is customary in many countries to give your host a small gift at the end of your stay.
In some countries, however, giving presents is quite unusual.

üblich
In vielen Ländern ist es üblich, seinem Gastgeber ein kleines Geschenk zu überreichen.
In manchen Ländern sind Geschenke eher ungewöhnlich.

customer *n*
The customers seem happy with our new generation of washing machines.
customer orientation
customer-oriented

Kunde
Die Kunden scheinen mit unserer neuen Waschmaschinenreihe zufrieden zu sein.
Kundenorientierung
kundenorientiert

customize *v*

The car was customized for him.

a customized machine

nach den Wünschen von jdm anfertigen
Das Auto wurde nach seinen Wünschen angefertigt.
eine nach Kundenwünschen angefertigte Maschine

Czech *adj*
The Skoda car is a real Czech success story.

tschechisch
Der Skoda ist eine echte tschechische Erfolgsgeschichte.

Czech Republic *n*
The Czech Republic has adapted quite well to the market economy.

Tschechische Republik
Die tschechische Republik hat sich der Marktwirtschaft ziemlich gut angepasst.

D

daily *adj*
We get daily reports from our sales team on their observations of the market.

täglich
Wir erhalten täglich Marktbeobachtungen von unseren Außendienstmitarbeitern.

damage *n*
After the storm we found considerable damage to the roof of our factory.
to make a damage claim

Schaden, Schäden
Nach dem Sturm fanden wir beträchtliche Schäden am Dach unserer Fabrik.
einen Antrag auf Schadenersatz stellen

damage *v*
Losing the Bratislava order has damaged our chances of reaching our sales target this year.

beschädigen, schaden
Der Verlust des Auftrages in Bratislava hat unsere Chancen verringert, dieses Jahr unser Verkaufsziel zu erreichen.

damages *n*
He received damages from his company.

Schadenersatz
Er erhielt Schadenersatz von seiner Firma.

Danish *adj*
We passed the Danish border shortly after midnight.

dänisch
Kurz nach Mitternacht passierten wir die dänische Grenze.

data *n*
We almost lost some very important market data after the last virus.
data protection
to store data

Daten
Wir haben beinahe sehr wichtige Marktdaten nach dem letzten Virus verloren.
Datenschutz
Daten speichern

database *n*
Our database contains about 15,000 addresses and the names of 9,000 customers.-

Datenbank
Unsere Datenbank enthält rund 15.000 Adressen und 9.000 Kundennamen.

date *n*
When was the date of your business trip?

Datum, Verabredung
An welchem Datum fand Ihre Geschäftsreise statt?

day *n*
Thursday is the day I return.
a day off

Tag
Donnerstag ist mein Rückreisetag.
ein freier Tag

daily *adv*
In my last job I had to hand in a daily report. In my previous job I only had to hand in a weekly report.
daily newspaper

täglich
Bei meiner letzten Stelle musste ich täglich einen Bericht einreichen. Beim vorherigen Arbeitgeber nur wöchentlich.
Tageszeitung

deadline *n*
The deadline is getting ever closer and we still haven't finished the trials.

to keep to a deadline

letzte Frist, letzter Termin
Die letzte Frist rückt immer näher und wir haben die Versuche immer noch nicht abgeschlossen.
eine Frist einhalten

deal *n*
We got a good deal when we sold our house.

Deal, Geschäft
Wir haben ein gutes Geschäft gemacht, als wir unser Haus verkauft haben.

deal with *v*
He just couldn't deal with the problems he had at his last company.

fertig werden mit
Er wurde nicht mit den Problemen fertig, die er bei seiner letzten Firma hatte.

dealer *n*
I spoke to a number of dealers and they all offered me the same discount. Then I met Harry James.
a reputable dealer

Händler
Ich sprach mit etlichen Händlern und sie haben mir alle denselben Rabatt angeboten. Dann lernte ich Harry James kennen.
ein angesehener Händler

debit card *n*
Can I pay by debit card? No I am sorry, we only take cash, American dollars or travellers checks.

Kreditkarte
Kann ich mit Kreditkarte zahlen? Nein, leider nehmen wir nur Bargeld, amerikanische Dollars oder Reiseschecks.

debts *n*
The company had so many debts that it was only a matter of time before they had to give up.
outstanding debts
to run up debts

Schulden
Die Firma hatte so viele Schulden, dass es nur eine Frage der Zeit war, bis sie aufgeben mussten.
offene Schulden
Schulden machen

decide *v*
They decided to open a branch in the main shopping street but the rent was extremely high.

sich entscheiden
Sie haben sich entschieden, eine Filiale in der Haupteinkaufsstraße zu eröffnen, aber die Miete war sehr hoch.

decision *n*
It was not an easy decision to make but we all realised that the time had come to make it.
to make a decision
a rash decision

Entscheidung
Es war keine leichte Entscheidung, aber es war uns allen klar, dass die Zeit gekommen war.
eine Entscheidung treffen
eine hastige Entscheidung

decline *v*
Thank you very much for your kind invitation to your company party. Unfortunately we will have to decline on this occasion.
to decline an offer

ablehnen
Vielen Dank für Ihre nette Einladung zu Ihrer Firmenfeier. Leider müssen wir diesmal die Einladung ablehnen.
ein Angebot ablehnen

decrease *v*

The number of video recorders sold last year has decreased dramatically in the last few months. The number of people who will buy new stereo sytems will also decrease as people have less and less money to spend at the moment.
to decrease rapidly
to decrease sharply

abnehmen, zurückgehen, verringern

Die Anzahl von Videorekordern, die letztes Jahr verkauft wurden, hat sich in den letzten Monaten drastisch verringert. Die Anzahl derer, die Stereoanlagen kaufen, wird auch abnehmen, da die Leute zurzeit weniger Geld haben.
rapide zurückgehen
drastisch zurückgehen

E

engaged *adj*
I have been trying to reach him all day but his telephone is always engaged.

the engaged tone

besetzt (Telefon)
Ich versuche ihn schon den ganzen Tag zu erreichen, aber sein Telefon ist ständig besetzt.
das Besetztzeichen

enjoy *v*
I enjoy playing golf in my spare time.

etwas gern tun
Ich spiele gern Golf in meiner Freizeit.

enquire *v*
You wrote to us last week enquiring about our latest range of vacuum cleaners.

sich erkundigen
Sie haben uns letzte Woche geschrieben und haben sich über unsere neuesten Staubsauger erkundigt.

enquiry *n*
Thank you for your enquiry which we received last week.
to process an enquiry

Anfrage
Vielen Dank für Ihre Anfrage, die wir letzte Woche erhalten haben.
eine Anfrage bearbeiten

entitled *adj*
Everybody is entitled to benefits if they become unemployed.

jdm zustehen
Jedem, der arbeitslos wird, steht finanzielle Unterstützung zu.

environment *n*
"Protect the environment!"
working environment

Umwelt
„Schütze die Umwelt!"
Arbeitsklima

environmental *adj*
We are combatting environmental pollution.

Umwelt-
Wir bekämpfen Umweltverschmutzung.

environmentally friendly *adj*
Environmentally friendly products are usually more expensive.

umweltfreundlich
Umweltfreundliche Produkte sind normalerweise teurer.

equipment *n* *We have the best equipment on the market.* **sophisticated equipment**	**Ausrüstung** *Wir haben die beste Ausrüstung auf dem Markt.* **Hightech-/modernste Ausrüstung**
error *n* *The problem was caused by a computer error.*	**Irrtum, Fehler** *Das Problem wurde durch einen Computerfehler verursacht.*
especially *adv* *I like white wines, especially French ones from Bordeaux.*	**besonders** *Ich mag Weißweine, besonders französische aus Bordeaux.*
essential *adj* *Good after-sales service is essential these days.*	**entscheidend** *Ein guter Kundendienst ist heutzutage entscheidend.*
estimate *n* *Can you send me an estimate by next week?* **a rough estimate**	**Kostenvoranschlag, Schätzung** *Können Sie mir bis nächste Woche einen Kostenvoranschlag schicken?* **eine grobe Schätzung**
Estonia *n* *Finland is a big trading partner for Estonia.*	**Estland** *Finnland ist ein großer Handelspartner für Estland.*
Estonian *adj* *the Estonian foreign minister*	**estländisch** *der estländische Außenminister*
Euro *n* *The Euro should help trade in Europe.*	**Euro** *Der Euro soll den Handel in Europa fördern.*
Europe *n* *US exports to Europe are falling rapidly.*	**Europa** *Die US-Exporte nach Europa gehen rapide zurück.*
European *adj*	**europäisch**

The **European Union** will be the most important topic in Europe in the coming years. The introduction of the common currency, the "Euro", and the possible enlargement of the Union to include countries such as Poland, the Czech Republic and Hungary will also be in the headlines.

the European Monetary System	**das Europäische Währungssystem**
exactly *adj* *What exactly do you mean by that?*	**genau** *Was genau wollen Sie damit sagen?*

examination *n* *On closer examination we have found a number of faults in the goods.*	**Prüfung** *Bei näherer Prüfung haben wir eine Menge Fehler bei den Waren gefunden.*
examine *v* *We examined the machine and found it to be in perfect condition.*	**prüfen** *Wir haben die Maschine geprüft und stellten fest, dass sie in einwandfreiem Zustand war.*
exchange *n* *The exchange of opinions and ideas at the meeting was very productive.*	**Austausch** *Der Austausch von Meinungen und Ideen bei der Besprechung war sehr produktiv.*
exchange *v* *They exchanged their deutschmarks for dollars.* **to exchange contracts/addresses** **exchange rate** **a weak exchange**	**austauschen** *Sie haben ihr deutsches Geld gegen Dollars getauscht.* **Verträge/Adressen austauschen** **Wechselkurs** **ein schwacher Wechselkurs**
exhibition *n* *The new perfume has to be ready for the Hanover Exhibition.* **to arrange/hold/visit an exhibition** **to have a stand at an exhibition**	**Ausstellung, Messe** *Das neue Parfüm muss bis zur Hannover Messe fertig sein.* **eine Messe organisieren/halten/besuchen** **einen Stand auf einer Messe haben**
exit *n* *Take the Hanover South exit and leave the motorway.*	**Ausfahrt, Ausgang** *Nehmen Sie die Ausfahrt Hannover Süd und verlassen Sie die Autobahn.*
expenses *n* *I need the receipt to get the expenses back from my company.* *We only earn enough to cover our expenses.* **to put something on expenses** **fixed expenses**	**Kosten, Spesen** *Ich brauche die Quittung, um die Spesen von meiner Firma zu bekommen.* *Wir verdienen gerade genug, um unsere Kosten zu decken.* **etwas von den Spesen abrechnen** **Fixkosten**
expensive *adj* *Our raw materials are very expensive at the moment.*	**teuer** *Unsere Rohstoffe sind zurzeit sehr teuer.*
expert *n* *We need a tax expert to help.* **expert advice** **a team of experts**	**Fachmann, -frau, Experte** *Wir brauchen die Hilfe eines Steuerfachmanns.* **ein fachlicher Rat** **ein Expertenteam**

explain *v*
Can you explain why the goods arrived late?

erklären
Können Sie erklären, warum die Güter zu spät eintrafen?

export *v*
Germany exported most of its goods within the European Union.
to export to other countries

exportieren
Deutschland exportierte die meisten seiner Waren innerhalb der EU.
in andere Länder exportieren

express delivery *n*
We will have to send it by express delivery or it will not get there on time.

Expresslieferung
Wir müssen es per Expresslieferung schicken, sonst kommt es nicht rechtzeitig an.

expression *n*
"Hype" is an expression for exaggerated media attention to new products or ideas.

Ausdruck
„Hype" ist ein Ausdruck für übertriebenen Medienrummel bei neuen Produkten oder Ideen.

extend *v*
We have extended his contract for a third time.

verlängern
Wir haben seinen Vertrag zum dritten Mal verlängert.

extension *n*
If the quality of your services remain the same we can think about an extension to your contract.

Verlängerung
Wenn die Qualität Ihrer Dienstleistung gleich bleibt, können wir an eine Verlängerung Ihres Vertrages denken.

extent *n*
To what extent is the crisis in South East Asia so important?

Ausmaß
In welchem Ausmaß spielt die Krise in Südostasien eine wichtige Rolle?

F

facilities *n*
The facilities in our company leave a lot to be desired.

Einrichtungen
Die Einrichtungen in unserer Firma lassen viel zu wünschen übrig.

fact *n*
The fact is that we are losing too many customers.
fact sheet
to stick to the facts

Tatsache
Tatsache ist, dass wir zu viele Kunden verlieren.
Informationsblatt
sachlich bleiben

factory *n*
We can take you on a tour of our factory after lunch if you want.

Fabrik
Wenn Sie möchten, können wir nach dem Mittagessen eine Fabrikbesichtigung machen.

fall *n*
The fall in the price of gold is continuing.

Fall, Rückgang
Der Preisverfall beim Gold dauert an.

fall *v*
The value of shares has fallen steadily this year.

fallen
Die Aktienkurse sind dieses Jahr stetig gefallen.

fast *adj*
The suppliers promised fast service but so far they haven't kept their promise.

schnell
Die Lieferanten haben einen schnellen Service versprochen, haben aber bis jetzt ihr Versprechen nicht gehalten.

faulty *adj*
The photocopier is faulty at the moment so we have to use a photocopy shop.

to complain about faulty goods
faulty goods

defekt, fehlerhaft
Das Fotokopiergerät ist zurzeit defekt und deswegen müssen wir zum Copyshop gehen.
fehlerhafte Waren reklamieren
fehlerhafte Waren

favourable *adj*
These are favourable conditions for the Stock Exchange.
favourable conditions

günstig
Die Bedingungen für die Aktienmärkte sind günstig.
günstige Bedingungen

feasible *adj*
I think the plan is not feasible.
feasibility study
draw up a feasibility study

machbar
Ich glaube, der Plan ist nicht machbar.
Machbarkeitsstudie
eine Machbarkeitsstudie erstellen

feature *n*
The new features are the newly designed seat belts.

Eigenschaft
Die neuen Eigenschaften sind die neuen Sicherheitsgurte.

fee *n*
He is a top lawyer so his fees are understandably very high.

Gebühr, Honorar
Er ist ein Topanwalt und deswegen sind seine Honorare verständlicherweise sehr hoch.

feedback *n*
We have had some positive feedback about our new price system.

Rückkoppelung, Rückmeldungen
Wir haben einige positive Rückmeldungen bezüglich unseres neuen Preissystems erhalten.

figures *n*
The sales figures for this year are promising but we still have to improve our after-sale service in certain areas.

the latest figures

Zahlen
Die Verkaufszahlen für dieses Jahr sind zwar vielversprechend, aber wir müssen unseren Kundendienst auf manchen Gebieten immer noch verbessern.
die neuesten Zahlen

file *n*
I have a file for all my job applications.

Open the file named "miscellaneous."

to close a file
to keep a file
to keep sth on file
to store a file
filing

Ordner, Datei
Ich habe einen Ordner für meine ganzen Bewerbungen.
Öffne die Datei mit dem Titel „Verschiedenes".
eine Datei schließen
ablegen, abheften
etwas in einem Ordner haben
eine Datei speichern
Ablage

file *v*
I have filed the letter under "New Business".
to file a document

speichern
Ich habe den Brief unter „New Business" gespeichert.
ein Dokument speichern

final *v*
We await your final decision on this matter.
final demand

endgültig
Wir erwarten Ihre endgültige Entscheidung in dieser Sache.
letzte Mahnung

finance *v*
How are we going to finance the new project?

finanzieren
Wie wollen wir das neue Projekt finanzieren?

financial *adj*
We have heard that our competitors are experiencing financial difficulties at the moment.
financial adviser

finanziell
Wir haben gehört, dass unsere Konkurrenten zurzeit finanzielle Schwierigkeiten haben.
Finanzberater

firm *adj*
"Have you had any firm offers for the car you are selling?"
"No, but I think my neighbour is going to buy it."
a firm proposal

fest
„Haben Sie feste Angebote für das Auto, das Sie verkaufen wollen?"
„Nein, aber ich glaube mein Nachbar will es kaufen."
ein fester Vorschlag

firm *n*
John decided not to join the family firm and joined another large firm in a neighbouring town. His father broke off all contact with him.

a reputable firm

Firma, Unternehmen
John entschied sich, nicht im Familienbetrieb zu arbeiten und ging zu einer anderen Firma in einer Nachbarstadt. Sein Vater brach jeglichen Kontakt mit ihm ab.
eine renommierte Firma

firm up *v*
We can firm up the arrangements tomorrow.

festmachen
Wir können die Pläne morgen festmachen.

fix *v* Should we fix a date for our next meeting?	**festlegen** Sollen wir einen Termin für unser nächstes Treffen festlegen?
flexi time *n* We have flexi time in our company. We have to start at 9.30 a.m. at the latest and can leave at 4.30 p.m.	**Gleitzeit** Wir haben in unserer Firma Gleitzeit. Wir müssen spätestens um 9:30 anfangen und können um 16:30 gehen.
flight *n* "What time is your flight back to London?" **a delayed flight** **a scheduled flight**	**Flug** „Wann ist Ihr Rückflug nach London?" **ein verspäteter Flug** **ein Linienflug**
flip chart *n* I need a flip chart and an overhead projector for my presentation. **to use a flip chart**	**Flipchart** Ich brauche ein Flipchart und einen Overheadprojektor für meine Präsentation. **ein Flipchart einsetzen**
fluctuate *v* Prices of crude oil are presently fluctuating.	**fluktuieren** Die Rohölpreise unterliegen zurzeit Schwankungen.
fluctuation *n* There are great fluctuations on the stock market due to uncertainty in the USA.	**Fluktuation** Es gibt große Fluktuationen an der Börse, die durch Unsicherheit in den USA verursacht werden.
folder *n* I left my folder on the desk. It contains important notes.	**Mappe** Ich habe meine Mappe auf dem Schreibtisch liegen lassen. Sie enthält wichtige Notizen.
forecast *n* The forecast for business developments in the third quarter is not good. **a gloomy forecast**	**Prognose, Vorhersage** Die Prognose für Geschäftsentwicklungen im dritten Quartal ist nicht gut. **eine trübe Prognose**
foreign *adj* Foreign investments have increased steadily in the last six months. **Foreign Office** **foreign minister**	**ausländisch** Ausländische Investitionen haben in den letzten 6 Monaten stetig zugenommen. **Außenministerium** **Außenminister**
form *n* We received a form for our application for a visa. **to fill in a form**	**Formular** Wir erhielten ein Formular für unseren Visaantrag. **ein Formular ausfüllen**

formal *adj*
The British are less formal when doing business.
formal dress

förmlich
Die Briten sind bei Geschäftsbeziehungen weniger förmlich.
förmliche Kleidung

fortunately *adv*
Fortunately our business was not affected by the crisis in Japan.

glücklicherweise, zum Glück
Zum Glück war unser Geschäft nicht von der Japankrise betroffen.

forward *v*
Our sales manager in Stockport has forwarded your enquiry to us.

weiterleiten
Unser Verkaufsleiter hat Ihre Anfrage an uns weitergeleitet.

found *v*
Our company was founded in 1956 by the Brown brothers and has become one of the the most successful companies in this region.

gründen
Unsere Firma wurde 1956 von den Gebrüdern Brown gegründet und ist zu einer der erfolgreichsten Firmen hierzulande geworden.

fragile *adj*
The goods were damaged although "fragile" was clearly to be seen on the box. We will have to take legal steps.

fragile goods

zerbrechlich
Die Waren waren beschädigt, obwohl auf der Kiste deutlich der Vermerk „zerbrechlich" zu sehen war. Wir müssen gerichtliche Schritte einleiten.
zerbrechliche Waren

France *n*
They have just brought out a report on the economic situation in France.

Frankreich
Sie haben gerade einen Bericht über die Wirtschaftslage in Frankreich herausgebracht.

freelance *adj*
He does a lot of freelance work for architects.
a freelance architect
a freelance journalist

freischaffend, freiberuflich
Er arbeitet viel freiberuflich für Architekten.
ein freischaffender Architekt
ein freiberuflicher Journalist

French *adj*
There are a large number of new French companies in the London area.

French fries (US)

französisch
Es gibt eine große Anzahl von neuen französischen Firmen in der Nähe von London.
Pommes frites

freight *n*
Freight was organized by the customer.

freight costs
air freight
rail freight

Fracht, Transport
Der Transport wurde vom Kunden organisiert.
Frachtkosten
Luftfracht
Bahnfracht

full-time *adj*
He has a full-time job now. He has been searching for 6 months.

Vollzeit-
Er hat jetzt eine Vollzeitstelle. Er hat 6 Monate gesucht.

future *n*
The future looks better now that we have some new customers.

Zukunft
Die Zukunft sieht jetzt besser aus, da wir neue Kunden haben.

G

gain *v*
We have now gained control of the market in most cities in the North of England.
gain controll of a business

gewinnen
Wir haben jetzt den Markt in den meisten Städten Nordenglands für uns gewonnen.
die Aktienmehrheit an einem Unternehmen erlangen

generally *adv*
Generally, we have had a good year. The signs are also good for next year.

generally speaking

im Allgemeinen
Im Allgemeinen haben wir ein gutes Jahr gehabt. Auch für nächstes Jahr stehen die Zeichen gut.
im Großen und Ganzen

get *v*
I got the news yesterday.

to get on a train

bekommen
Ich habe die Nachricht gestern bekommen.
in einen Zug einsteigen

get in touch *v*

I got in touch with Mrs Kampmeier last week and she told me the news.

to be in touch

sich melden, sich in Verbindung setzen
Ich habe mich letzte Woche bei Frau Kampmeier gemeldet und sie hat mir die Nachricht übermittelt.
in Kontakt sein

gift *n*

Geschenk

Another word for **gift** is present. Business people should find out information on the rules for giving gifts and presents in different countries. In Europe, giving gifts is a good idea, in Asia and the Middle East there are certain rules which have to be followed.

---

go into business *v*
He went into business three years ago and he has done very well. He has big plans to expand in France next year.

sich selbstständig machen
Er hat sich vor drei Jahren selbstständig gemacht und es ist ein ziemlicher Erfolg. Er hat große Pläne, nächstes Jahr in Frankreich zu expandieren.

goods *n* *We have bought many goods from that company and have always been pleased with the quality.* **consumer goods** **(high) quality goods** **luxury goods** **shoddy goods**	**Güter, Waren** *Wir haben viele Waren von dieser Firma gekauft und waren immer mit der Qualität zufrieden.* **Konsumgüter** **Qualitätsgüter** **Luxusgüter** **mangelhafte Waren**
gradual *adj* *There has been a gradual improvement in sales in the last six months and we are looking forward to further improvements.*	**allmählich** *Es hat eine allmähliche Umsatzsteigerung in den letzten 6 Monaten gegeben und wir hoffen auf weitere Verbesserungen.*
gradually *adv* *We have gradually increased our market share in Central European markets since last year.*	**allmählich** *Seit letztem Jahr haben wir unseren Marktanteil in mitteleuropäischen Märkten allmählich ausgebaut.*
grant *n* *We received three EU grants last year.* **to apply for a grant**	**Zuschuss** *Wir haben letztes Jahr dreimal Zuschüsse aus EU-Mitteln erhalten.* **einen Zuschuss beantragen**
grant *v* *They granted us permission to build a new garage.*	**genehmigen, Genehmigung erteilen** *Sie haben uns die Genehmigung erteilt, eine Garage zu bauen.*
graph *n* *As you can see from the graph, our results have been good this year.*	**Grafik, Bilddiagramm** *Wie Sie aus der Grafik ersehen können, waren unsere Ergebnisse dieses Jahr gut.*
gross *adj* *What do you earn gross?* **gross earnings** **gross income** **gross negligence**	**brutto** *Was verdienst du brutto?* **Bruttoeinkommen** **Bruttoeinkommen** **grobe Fahrlässigkeit**
grow *v* *The market is no longer growing.*	**wachsen** *Der Markt wächst nicht mehr.*
growth *n* *We have seen stable growth in Japan.* **growth figures** **growth rates**	**Wachstum** *Wir haben stabiles Wachstum in Japan gesehen.* **Wachstumszahlen** **Wachstumsraten**

guarantee *n* *There is a six-month guarantee on these products.*	**Garantie** *Es gibt eine 6-monatige Garantie auf diese Produkte.*
guess *v* *I guessed his age.*	**raten, schätzen** *Ich habe sein Alter geschätzt.*

H

handle *v* *He handeld the situation very well.* **handling charge**	**klar kommen mit, bewältigen** *Er kam mit der Situation sehr gut klar.* **Bearbeitungsgebühr**
hard sell *n*	**aggressive Verkaufsmethode**

The word **"hard sell"** is a rather negative word to describe sales methods which are aggressive and sometimes extreme or even unfair.

head of department *n* *He has been head of department for 6 months now.*	**Abteilungsleiter** *Er ist seit 6 Monaten Abteilungsleiter.*
head office *n* *Our head office is in Manchester but our production site is here.* **headline**	**Firmensitz** *Unser Firmensitz ist in Manchester, aber unsere Produktionsstätte ist hier.* **Schlagzeile**
headache *n* *I have a terrible headache.*	**Kopfschmerzen** *Ich habe furchtbare Kopfschmerzen.*
headquarters *n* *They have their headquarters in Geneva and many branches in Europe.*	**Hauptsitz** *Ihr Hauptsitz ist in Genf und sie haben viele Zweigstellen in Europa.*
healthy *adj* *His management lifestyle is not healthy.*	**gesund** *Sein Management-Lebensstil ist nicht gesund.*
hear *v* *We heard about their problems from a customer.* *I'm sorry, I can't hear you!*	**hören, verstehen** *Wir haben von ihren Problemen von einem Kunden gehört.* *Entschuldigung, aber ich verstehe Sie nicht!*

height *n* *What is the height of the new desks?*	**Höhe** *Wie hoch sind die neuen Schreibtische?*
high *adj* *We have to make big efforts to reduce these high costs.* **high priority** **high taxes**	**hoch** *Wir müssen uns Mühe geben, diese hohen Kosten zu reduzieren.* **hohe Priorität** **hohe Steuern**
hire *v* *We hired the car for one week.* **hire car** **hire car firm** **to hire staff**	**mieten** *Wir haben das Auto für eine Woche gemietet.* **Mietwagen** **Autovermietungsfirma** **Personal einstellen**
hobby *n* *"Playing tennis is a big hobby of mine, along with golf."*	**Hobby** *„Tennisspielen ist neben Golf ein großes Hobby von mir."*
holiday *n* *"How many days holiday do you get each year?" "Only 25."* **holiday entitlement** **public holiday** **to be on holiday**	**Urlaub, Ferien** *„Wie viele Urlaubstage bekommst du jedes Jahr?" „Nur 25."* **Urlaubsanspruch** **Feiertag** **im Urlaub sein**
Holland *n* *You get some cheap flights in Holland.*	**Holland, Niederlande** *In Holland kannst du günstige Flüge bekommen.*
honour *v* *We have always honoured our contracts.* **to honour an agreement**	**erfüllen** *Wir haben unsere Verträge immer erfüllt.* **eine Vereinbarung erfüllen**
hospitable *adj* *Our business partners were very hospitable when we visited them last week.*	**gastfreundlich** *Unsere Geschäftspartner waren sehr gastfreundlich als wir sie letzte Woche besucht haben.*
hospitality *n* *Thank you for your hospitality.* **hospitality room** **to show hospitality**	**Gastfreundschaft** *Danke für Ihre Gastfreundschaft.* **Empfangsraum bei einer Firma** **Gastfreundlichkeit zeigen**
host *n* *You have been a fantastic host.* **host nation**	**Gastgeber** *Sie waren ein fantastischer Gastgeber.* **Gastgeberland**

hostess *n*
You were a great hostess when we visited you last month.

Gastgeberin
Sie waren eine großartige Gastgeberin als wir Sie letzten Monat besucht haben.

hourly *adv*
The security staff receive a very poor hourly rate of pay in that company.

stündlich
Das Sicherheitpersonal bekommt einen sehr schlechten Stundenlohn in dieser Firma.

huge *adj*
Top managers in the IT sector received huge salary increases last year.
a huge success

riesig
Topmanager in der IT-Branche erhielten letztes Jahr enorme Gehaltserhöhungen.
ein Riesenerfolg

hype *n*

Medienrummel

"Hype" is a difficult word to translate into German. It means excessive and expensive marketing of a new product or service. "Medienrummel" is one possibility.

imagine *v*
I can't imagine that sales will improve noticeably this year.

sich vorstellen
Ich kann mir nicht vorstellen, dass sich der Umsatz in diesem Jahr deutlich erhöhen wird.

immediate *adj*
The immediate effect of the increase in the price of oil was to slow growth.

sofortig, unmittelbar
Die unmittelbare Konsequenz des Öl-preisanstiegs war eine Verlangsamung des Wachstums.

immediately *adv*
He apologized immediately for his mistake.

sofort
Er hat sich sofort für seinen Fehler entschuldigt.

impact *n*
The impact of the oil crisis was far-reaching.

Auswirkungen
Die Auswirkungen der Ölkrise waren weitreichend.

implement *v*
The government implemented the same economic policies as last year.

ausführen, durchführen, voll-ziehen
Die Regierung führte dieselbe Wirt-schaftspolitik wie letztes Jahr durch.

import *v* *They imported sugar from Zambia.*	einführen, importieren *Sie haben Zucker aus Sambia importiert.*
imports *n* *Imports are down on last year.*	Import *Der Import ist im Vergleich zum letzten Jahr rückläufig.*
impression *n* *I have the impression he is angry.* **to make a good/bad impression**	Eindruck *Ich habe den Eindruck, dass er verärgert ist.* **einen guten/schlechten Eindruck machen**
impressive *adj* *These are impressive sales figures.*	beeindruckend *Das sind beeindruckende Umsatzzahlen.*
improve *v* *We have improved our delivery times.*	verbessern *Wir haben unsere Lieferzeiten verbessert.*
improvement *n* *The improvement is due to the increased demand for semi-conductors.* **big/vast improvement**	Verbesserung *Die Verbesserung ist auf die wachsende Nachfrage nach Halbleitern zurückzuführen.* **große Verbesserung**
incentive *n* *There was no incentive for our sales team.*	Anreiz *Es gab keinen Anreiz für unseren Außendienst.*
income *n* *My monthly income has risen considerably since I started with this company.* **annual income** **income tax**	Einkommen *Mein Monatseinkommen ist deutlich gestiegen, seitdem ich bei dieser Firma angefangen habe.* **Jahreseinkommen** **Einkommensteuer**
inconvenient *adj* *I hope this isn't inconvenient for you.* **an inconvenient time**	ungünstig *Ich hoffe, es macht Ihnen keine Umstände.* **eine ungünstige Zeit**
increase *v* *Sales have increased since we introduced the new system of commission.* **to increase dramatically/rapidly** **to increase steadily**	erhöhen, steigen *Die Umsätze sind seit der Einführung des neuen Provisionssystems gestiegen.* **drastisch/rapide steigen** **stetig steigen**

incredible *adj*
There has been an incredible increase
over the last few years.

unglaublich
Es hat eine unglaubliche Steigerung in
den letzten Jahren gegeben.

incredibly *adv*
Profits were incredibly good in the first
quarter of the year.

unglaublich
Die Gewinne waren im ersten Quartal des
Jahres unglaublich hoch.

India *n*
We expect impressive growth rates in
India this year.

Indien
Wir rechnen dieses Jahr in Indien mit
beeindruckenden Wachstumsraten.

industrial *adj*
The Ruhr region is a very important
industrial area in Germany.
industrial action
industrial reforms

industriell
Das Ruhrgebiet ist ein sehr wichtiges
Industriegebiet in Deutschland.
Streikaktion
Industriereformen

inform *v*
He informed me of his decision.

informieren
Er informierte mich über seine Entscheidung.

information *n*

Auskunft, Information

"**Information**" is only used in the singular in English. We cannot say, for example,
"I have two informations for you". We have to say "I have two pieces of information
for you".

infrastructure *n*
Germany has an excellent infrastructure.

Infrastruktur
Deutschland hat eine ausgezeichnete
Infrastruktur.

initial *adj*
There were some initial difficulties but
we cleared them up quickly.

in the initial stages

anfänglich
Es gab einige anfängliche Schwierigkeiten, aber wir haben sie schnell
beseitigt.
im Anfangsstadium

initial *n*
He only wrote his initials at the bottom of
the letter so I don't know his full name.

Initialien
Er hat nur seine Initialien ans Ende seines
Briefes, gesetzt, also kenne ich seinen
vollen Namen nicht.

innovative *adj*
There are so many innovative companies
in that region.
innovative products

innovationsfreudig, innovativ
Es gibt so viele innovationsfreudige
Firmen in dieser Region.
innovative Produkte

insist *v* *He insisted on paying the bill.*	bestehen *Er bestand darauf, die Rechnung zu bezahlen.*
inspect *v* *We inspected the equipment and found no damage.*	prüfen *Wir haben die Ausrüstung geprüft und haben keine Schäden gefunden.*
inspection *n* *We carried out a thorough inspection of the goods.* **on closer inspection**	Inspektion, Prüfung *Wir haben eine genaue Prüfung der Waren durchgeführt.* **bei genauerer Prüfung**
in spite of *adv* *We are pleased with the result in spite of the problems.*	trotz *Trotz der Probleme sind wir mit dem Ergebnis zufrieden.*
insurance *n* *You need insurance when you drive a car.* **to take out an insurance**	Versicherung *Sie brauchen eine Versicherung, wenn Sie ein Auto fahren.* **eine Versicherung abschließen**
interest *n* *I have no interest in technical matters.* *I have earned good interest with this account.*	Interesse; Zinsen *Ich habe kein Interesse an technischen Dingen.* *Ich habe bei diesem Konto viele Zinsen. bekommen.*
interested *adj* *We are very interested in developing our products.* **interested parties**	interessiert *Wir sind sehr daran interessiert, unsere Produkte zu entwickeln.* **Interessenten**
interesting *adj* *We have found out some very interesting information about our competitors.*	interessant *Wir haben sehr interessante Informationen über unsere Konkurrenten herausgefunden.*
internal *adj* *At last we have solved our internal problems.* **an internal dispute**	intern *Endlich haben wir unsere internen Probleme gelöst.* **ein interner Streit**
interrupt *v* *Can I interrupt you there?*	unterbrechen *Darf ich Sie kurz unterbrechen?*
interview *n* *I can't see you on Friday, I have an interview for a job.*	Interview, Bewerbungsgespräch *Ich kann dich am Freitag nicht sehen, ich habe ein Bewerbungsgespräch.*

interview *v*
We have interviewed five candidates altogether so far.

interviewen
Wir haben bis jetzt fünf Kandidaten interviewt.

introduce *n*
May I introduce you to Mr Murray?
He introduced his subject by talking about their latest product.

einführen, vorstellen
Darf ich Ihnen Herrn Murray vorstellen?
Er hat das Thema eingeführt, indem er ihr neuestes Produkt vorgestellt hat.

introduction *n*
I'll make the introduction brief.
introduction of new technology

Einführung, Vorstellung
Ich mache die Einführung kurz.
Einführung neuer Technologien

invalid *adj*
I'm afraid your ticket is invalid.
an invalid passport
an invalid argument

ungültig
Ihre Karte ist leider ungültig.
ein ungültiger Reisepass
ein nicht relevantes Argument

invent *v*
She has invented a new marketing idea.

erfinden
Sie hat eine neue Marketingstrategie erfunden.

invention *n*
Innovative companies have to make new inventions if they want to be competitive.

Erfindung
Innovative Firmen müssen Neues erfinden, wenn sie konkurrenzfähig sein wollen.

investment *n*
We have made a lot of good investments this year.
investment policy
a bad investment

Anlage, Investition
Wir haben dieses Jahr viele gute Investitionen gemacht.
Investitionspolitik
eine schlechte Anlage

invest *v*
More and more companies are investing in China now.
to invest wisely
to invest heavily

investieren
Immer mehr Firmen investieren jetzt in China.
sicher investieren
viel investieren

invoice *n*
We sent the invoice with the goods.

pro-forma invoice
wrong invoice

Rechnung
Wir haben die Rechnung mit den Waren geschickt.
Pro-forma-Rechnung
falsche Rechnung

involve *v*
He was involved in the Saudi Project for three years.

einwickeln, involvieren
Er war drei Jahre in das Saudiprojekt involviert.

Iran *n*	Iran
They have made big progress in Iran.	*Sie haben große Fortschritte im Iran gemacht.*
Iraq *n*	Irak
Last week's business trip to Iraq was good.	*Die Geschäftsreise letzte Woche in den Irak lief gut.*
item *n*	Stück, Punkt, Artikel
We have ordered five items from your list.	*Wir haben 5 Artikel von Ihrer Liste bestellt.*
itinerary *n*	Reiseplan
We have sent you the itinerary by registered post.	*Wir haben Ihnen den Reiseplan per Einschreiben geschickt.*
detailed itinerary	**detaillierter Reiseplan**

J

jeopardise *v*	gefährden
The recession has jeopardised our plans for further expansion.	*Die Rezession hat unsere Pläne für weitere Expansionen gefährdet.*
jet lag *n*	Jetlag
I always have bad jet lag after flights to Japan.	*Ich habe immer ganz starken Jetlag nach Flügen nach Japan.*
job *n*	Arbeitsstelle
She found a new job in Aberdeen and moved there last September.	*Sie hat eine neue Stelle in Aberdeen gefunden und ist letzten September dort hingezogen.*
full-time job	**Vollzeitstelle**
job creation scheme	**Arbeitsbeschaffungsmaßnahme**
part-time job	**Halbzeitstelle**
job centre *n*	Arbeitsamt
He received a letter from the job centre. Within a week he had found a job.	*Er hat einen Brief vom Arbeitsamt bekommen. Innerhalb einer Woche hatte er eine Stelle gefunden.*
job description *n*	Stellenbeschreibung
I would have to see the job description before committing myself.	*Ich müsste die Stellenbeschreibung sehen, bevor ich mich festlegen kann.*
jobless *adj*	arbeitslos
He has been jobless for 2 years.	*Er ist seit 2 Jahren arbeitslos.*
the jobless figures	**die Arbeitslosenzahlen**

join *v* *He joined the Labour Party in 1961.*	**Mitglied werden, eintreten** *Er ist im Jahre 1961 in die Labour-Partei eingetreten.*
joint *adj* *We had a joint bank account.* **joint venture**	**gemeinsam** *Wir hatten ein gemeinsames Bankkonto.* **Jointventure**
judge *v* *As far as I can judge, the quality is good but the price is too high for me.*	**beurteilen** *Soweit ich es beurteilen kann, ist die Qualität gut, aber der Preis ist zu hoch für mich.*
jump *v* *Sales of PCs jumped by 15 % but we had disappointing figures for DVDs.*	**springen, steigen** *Die Umsätze für PCs stiegen um 15 %, aber die Zahlen für DVDs waren enttäuschend.*
junk mail *n*	**Werbepost**

"Junk mail" is a negative word for advertising material which we receive every day in our letter box. It is mail we normally don't want so we almost always throw it away as soon as we get it. Junk mail received on the internet is called "spam".

justify *v* *We have to justify this expenditure to the boss at the next meeting.*	**rechtfertigen** *Wir müssen diese Ausgaben beim nächsten Treffen vor dem Chef rechtfertigen.*

K

keep *v* *I kept the money he gave me.*	**behalten** *Das Geld, das er mir gegeben hat, habe ich behalten.*
key *n* *I left the keys in the office.*	**Schlüssel** *Ich habe die Schlüssel im Büro vergessen.*
key in *v* *He keyed in the wrong password.*	**eingeben** *Er hat das falsche Passwort eingegeben.*
keyboard *n* *He bought a new keyboard for his computer.*	**Tastatur** *Er hat eine neue Tastatur für seinen PC gekauft.*

kind *adj* *That's very kind of you.*	freundlich, nett *Das ist sehr nett von Ihnen.*
kind *n* *"What kind of PC are you looking for?"*	Art, Sorte *„Was für einen PC suchen Sie?"*
knock off *v* *What time do you knock off?*	Feierabend machen *Wann machen Sie Feierabend?*
knowledge *n* *He has great knowledge of East Asian markets.* **knowledge of computers** **specialist knowledge**	Kenntnisse, Wissen *Er weiß sehr viel über die Märkte in Ostasien.* **Computerkenntnisse** **Fachwissen**
Korea *n* *I spent six months in Korea and was very happy there.*	Korea *I habe sechs Monate in Korea verbracht und habe mich dort sehr wohl gefühlt.*
Korean *adj* *Korean products have a good reputation.*	koreanisch *Koreanische Produkte haben einen guten Ruf.*
Kuwait *n* *The company is now doing business in Kuwait.*	Kuwait *Die Firma macht jetzt Geschäfte in Kuwait.*
Kuwaiti *adj* *The Kuwaiti customs regulations are strict.*	kuwaitisch *Die kuwaitischen Zollbestimmungen sind streng.*

L

lap-top *n* *My lap-top is not working at the moment so I can only work in the office.*	Laptop, Notebook *Mein Notebook geht zurzeit nicht; deswegen kann ich nur im Büro arbeiten.*
late *adj* *It was getting late and I decided to go home.*	spät *Es wurde spät und ich entschloss mich, nach Hause zu gehen.*
launch *n* *We will have to postpone the launch of our new coffee machine.* **launching** **launching costs** **product launch**	Einführung, Start *Wir müssen die Einführung unserer neuen Kaffeemaschine verschieben.* **Einführung** **Anlaufkosten** **Produkteinführung**

launch *v* We launched it too soon.	auf den Markt bringen *Wir haben es zu früh auf den Markt gebracht.*
lawyer *n* We spoke to a lawyer about it.	Rechtsanwalt *Wir haben mit einem Rechtsanwalt darüber gesprochen.*
leading *adj* They are the leading specialists.	führend *Sie sind die führenden Spezialisten.*
leave *v* "What time does your train leave?"	abfahren, verlassen *„Wann fährt dein Zug ab?"*
legal *adj* He doesn't know much about the legal aspects of running a business. **to take legal steps** **legal implications** **legal advice**	legal, rechtlich *Er weiß nicht viel über die rechtlichen Angelegenheiten der Geschäftsführung.* **gerichtliche Schritte einleiten** **gerichtliche Folgen** **Rechtsbeistand**
length *n* What is the length of the new car?	Länge *Wie lang ist das neue Auto?.*
letter *n* Thank you for the letter which we received yesterday. **a letter of complaint** **a letter head**	Brief *Danke für den Brief, den wir gestern erhalten haben.* **ein Beschwerdebrief** **ein Briefkopf**
level *n* Sales have not yet reached last year's level.	Niveau *Die Umsätze haben das Niveau vom vorigen Jahr noch nicht erreicht.*
lift *n* There is a lift to the 5th floor.	Fahrstuhl *Der Fahrstuhl fährt in die 5. Etage.*
limit *n* 40 % is the limit. **lower limit** **upper limit**	Grenze *40 % ist die Grenze.* **untere Grenze** **obere Grenze**
link *n* We are the link between the marketing and the accounts department.	Verbindung *Wir sind die Verbindung zwischen der Marketing- und der Finanzabteilung.*
link *v* We linked the two departments with new computers.	verbinden *Wir haben die beiden Abteilungen mit neuen Computern verbunden.*

list *n*	**Liste**
We have forwarded a list of demands to your manager.	*Wir haben eine Liste der Forderungen an Ihren Geschäftsführer geschickt.*
list price	**Listenpreis**
list *v*	**auflisten**
I have listed the names in alphabetical order.	*Ich habe die Namen in alphabetischer Reihenfolge aufgelistet.*
listen *v*	**zuhören**
We listened for one hour.	*Wir haben eine Stunde lang zugehört.*
Lithuania *n*	**Litauen**
Most exports to Lithuania come from Russia.	*Die meisten Exporte nach Litauen kommen aus Russland.*
Lithuanian *adj*	**litauisch**
Lithuanian companies in Russia are based mostly in St Petersburg.	*Die meisten litauischen Firmen haben ihren Sitz in St. Petersburg.*
local *adj*	**hiesig**
Local companies are currently experiencing difficulties.	*Hiesige Firmen erleben zurzeit Schwierigkeiten.*
local conditions	**hiesige Verhältnisse**
local time	**Ortszeit**
located *adj*	**ansässig**
The headquarters are located in Geneva, Switzerland.	*Die Hauptzentrale befindet sich in Genf, Schweiz.*
location *n*	**Standort**
The North East of England is a favourable location for Japanese car companies.	*Der Nordosten Englands ist ein günstiger Standort für japanische Autounternehmen.*
logo *n*	**Logo**
What do you think of the company's new logo?	*Was halten Sie vom neuen Logo der Firma?*
long *adj*	**lang**
They have a long list of demands which I hope we can fulfill.	*Sie haben eine lange Liste von Forderungen, die wir hoffentlich erfüllen können.*
in the long run	**auf Dauer**
long-dated bills	**langfristige Wechsel**
long-term *adv*	**langfristig**
The long-term prospects look good.	*Die langfristigen Aussichten sehen gut aus.*
long-term goals/objectives/aims	**langfristige Ziele**

look at *v* *He is looking at the new plans.*	sich anschauen *Er schaut sich die neuen Pläne an.*
look for *v* *We are looking for new customers in Japan.*	suchen *Wir suchen neue Kunden in Japan.*
look forward to *v* *We look forward to hearing from you soon.*	sich freuen auf etwas *Wir freuen uns darauf, bald von Ihnen zu hören.*
look into *v* *We are looking into the matter now and we will be in touch soon.*	sich beschäftigen mit etwas *Wir beschäftigen uns jetzt mit der Angelegenheit und melden uns bald.*
lose *v* *We are losing customers as purchasing power is falling.*	verlieren *Wir verlieren Kunden, da die Kaufkraft abnimmt.*
loss *n* *Many hotels made losses as demand for holidays fell.* **heavy losses**	Verlust *Viele Hotels haben Verluste gemacht, als die Nachfrage nach Urlaubsreisen abnahm.* **schwere Verluste**
low *adj* *Low inflation is the aim of any government.*	niedrig *Niedrige Inflation ist das Ziel jeder Regierung.*
lucky *adj* *He was lucky to find a new job.*	Glück haben *Er hatte Glück, eine neue Stelle zu finden.*
luggage *n* *You can leave your luggage in reception.*	Gepäck *Sie können Ihr Gepäck an der Rezeption lassen.*
lump sum *n*	Abfindung, Trennungsgeld

Another word for **"lump sum"** is "severance pay" and both words are used very often when companies have to close due to recession and the staff receive money as compensation for losing their job.

lunch *n* *We are having lunch at the Adelphi.* **business lunch**	Mittagessen *Wir essen bei Adelphi zu Mittag.* **Geschäftsessen**

Luxembourg *n*
We often go tax-free shopping in Luxembourg.

Luxemburg
Wir gehen oft steuerfrei in Luxemburg einkaufen.

luxury *n*
We lived in luxury on our last holiday.

the luxury life

Luxus
Wir haben bei unserem letzten Urlaub in Luxus gelebt.

das Luxusleben

M

main *adj*
The main reason for our problems is the high unemployment in the area.

Haupt-
Der Hauptgrund für unsere Probleme ist die hohe Arbeitslosigkeit in der Gegend.

mainstation *n*
Can you take me to the mainstation, please?

Hauptbahnhof
Können Sie mich bitte zum Hauptbahnhof bringen?

maintenance *n*
We spend a lot of money on maintenance.
maintenance work

Wartung
Wir geben viel Geld für die Wartung aus.

Wartungsarbeit

maintain *v*
We also have to maintain our fleet of cars.

aufrechterhalten, warten
Wir müssen auch unseren Fuhrpark warten.

major *adj*
Interstyle is one of our major customers.

Haupt-
Interstyle ist einer unserer Hauptkunden.

majority *adj*
The majority of people today have an Internet connection at work.
majority shareholder

Mehrheit
Die Mehrheit der Leute hat heute einen Internetzugang in der Arbeit.
Mehrheitsaktionär

management style *n*
The management style at this company is rather old-fashioned.

Führungsstil
Der Führungsstil bei dieser Firma ist ziemlich altmodisch.

manager *n*
She has been manager since 1997.

Geschäftsführer/in, Manager/in
Sie ist seit 1997 Geschäftsführerin.

manual labour *n*
After working in an office, I wasn't used to manual labour.

körperliche Arbeit
Nachdem ich in einem Büro gearbeitet habe, war ich körperliche Arbeit nicht mehr gewohnt.

manufacture *v* *They manufacture cylinder heads for the automobile industry.* **manufacturing industry**	herstellen *Sie stellen Zylinderköpfe für die Automobilindustrie her.* **verarbeitende Industrie**
manufacturer *n* *They are leading manufacturers of ball point pens.*	Hersteller *Sie sind der führende Hersteller von Kugelschreibern.*
map *n* *"Have you got a map of France?"* **city map**	(Land)Karte *„Haben Sie eine Karte von Frankreich?"* **Stadtplan**
market *n* *The market is saturated at the moment.* **the free market** **market share** **to dominate the market** **to enter the market**	Markt *Der Markt ist zurzeit gesättigt.* **der freie Markt** **Marktanteil** **den Markt beherrschen** **auf den Markt kommen**
marketing *n* *We have increased our marketing activities in Central Europe. We are hoping for the breakthrough.*	Marketing *Wir haben unsere Marketingaktivitäten in Mitteleuropa erweitert. Wir hoffen auf den Durchbruch.*
married *adj* *"Yes, I'm married with two kids."* *"And what about you?"*	verheiratet *„Ja, ich bin verheiratet und habe zwei Kinder."* *„Und Sie?"*
material *n* *We don't have enough material to build new pumps.*	Material *Wir haben nicht genügend Material, um neue Pumpen zu bauen.*
maximum *n* *50 % is the maximum.*	Maximum *50 % ist das Maximum.*
maybe *adv* *"Is Donald coming?" "Maybe."*	vielleicht *„Kommt Donald?" „Vielleicht."*
mean *v* *I didn't mean Samantha.*	meinen, sagen wollen *Ich meinte nicht Samantha.*
measure *v* *First we have to measure the rooms.*	messen *Erst müssen wir die Räume messen.*
media *n* *The media play a very important role in politics today.*	Medien *Die Medien spielen heute eine sehr wichtige Rolle in der Politik.*

medium-dry *adj*	halbtrocken
This is a medium-dry wine from the South West of Germany.	*Das ist ein halbtrockener Wein aus dem Südwesten Deutschlands.*
meet *v*	kennen lernen, treffen
I'll meet you at the station at 4 p.m.	*Wir treffen uns um 16 Uhr am Bahnhof.*
I met him last year at the sales conference.	*Ich habe ihn letztes Jahr bei der Verkaufstagung kennen gelernt.*
meeting *n*	Besprechung
I have a meeting at 3 p.m.	*Ich habe um 15 Uhr eine Besprechung.*
to attend a meeting	**an einer Besprechung teilnehmen**
to be in a meeting	**in einer Besprechung sein**
to arrange/fix a meeting	**eine Besprechung organisieren**
to cancel a meeting	**eine Besprechung absagen**
to postpone a meeting	**eine Besprechung verschieben**
memo *n*	Memo
We sent a memo to all the staff to inform them of the new company policy.	*Wir haben allen Mitarbeitern ein Memo geschickt, um sie über die neue Firmenpolitik zu informieren.*
memo pad	**Notizblock**
memory *n*	Gedächtnis, Speicherkapazität
My memory is getting worse.	*Mein Gedächtnis lässt nach.*
My laptop only has a small memory.	*Mein Laptop hat nur eine kleine Speicherkapazität.*
mention *v*	erwähnen
He mentioned the company at our last meeting.	*Er hat die Firma bei der letzten Besprechung erwähnt.*
Don't mention it!	**Gern geschehen!**
message *n*	Nachricht
I left a message.	*Ich habe eine Nachricht hinterlassen.*
minimum *n*	Minimum
5 million DM is our minimum sales target this year.	*5 Millionen DM ist dieses Jahr unser Mindestumsatzziel.*
minor *adj*	klein, minimal
We are having some minor problems with suppliers at the moment.	*Wir haben zurzeit einige kleine Probleme mit Lieferanten.*
minority *n*	Minderheit, die wenigsten
The minority of people go to the theatre every week.	*Die wenigsten Menschen gehen jede Woche ins Theater.*
minority interest	**Minderheitsbeteiligung**

minutes *n* *He left 10 minutes ago.* *We read the minutes of the meeting.* **to keep the minutes**	Minuten; Protokoll *Er ist vor zehn Minuten gegangen.* *Wir lasen das Protokoll der letzten* *Besprechung.* **Protokoll führen**
mistake *n* *It was a mistake to buy all the spare* *parts from one supplier.* **a grave mistake** **to avoid a mistake** **to make a mistake**	Fehler *Es war ein Fehler alle Ersatzteile* *bei einem Lieferanten zu kaufen.* **ein gravierender Fehler** **einen Fehler vermeiden** **einen Fehler machen**
mobile phone *n* *I only use my mobile phone when* *travelling.* **to carry a mobile** **to switch off/on a mobile**	Handy *Ich benutze mein Handy nur auf Reisen.* **ein Handy bei sich haben** **ein Handy aus-/anschalten**
money *n* *He earns a lot of money for his age.* **easy money** **to waste money**	Geld *Er verdient viel Geld für sein Alter.* **leicht verdientes Geld** **Geld verschwenden**
money spinner *n* *Offering training courses in the country* *is a real money spinner for us.*	Einkommensquelle *Unser Fortbildungsangebot auf dem* *Lande ist eine gute Einkommensquelle* *für uns.*
monthly *adj* *We have a monthly meeting to coordi-* *nate advertising campaigns.* **monthly income** **monthly ticket**	monatlich *Wir haben eine monatliche Besprechung,* *um Werbeaktionen zu koordinieren.* **Monatseinkommen** **Monatskarte**

N

nationwide *adj* *We have shops nationwide.*	bundesweit *Wir haben Geschäfte bundesweit.*
necessary *adj* *It will be necessary to cut jobs.* **a necessary evil**	nötig, notwendig *Es wird nötig sein, Stellen abzubauen.* **ein notwendiges Übel**
need *v* *We need the spare parts by Friday.*	benötigen, brauchen *Wir brauchen die Ersatzteile* *bis Freitag.*

neglect *v* *We have neglected the domestic market for too long.*	**vernachlässigen** *Wir haben den Binnenmarkt zu lange vernachlässigt.*
negotiable *adj* *Your salary is negotiable. We will discuss it after your probationary period is over.*	**verhandlungsfähig** *Ihr Gehalt ist verhandlungsfähig. Wir werden es nach Ihrer Probezeit besprechen.*
negotiate *v* *We negotiated all morning and couldn't reach a compromise.*	**verhandeln** *Wir haben den ganzen Vormittag verhandelt und konnten keinen Kompromiss erzielen.*
negotiation *n* *Our negotiations were tough but friendly.* **to break off negotiations** **to start negotiations** **tough negotiations**	**Verhandlung** *Unsere Verhandlungen waren zäh aber freundlich.* **Verhandlungen abbrechen** **Verhandlungen beginnen** **zähe Verhandlungen**
net income *n* *Your net income depends on your age and marital status.*	**Nettoeinkommen** *Ihr Nettoeinkommen hängt von Ihrem Alter und Familienstand ab.*
net price *v* *The net price is 10 % higher.*	**Nettopreis** *Der Nettopreis ist 10 % höher.*
network *n* *We have a big network of offices throughout the country.*	**Netzwerk** *Wir haben ein großes Netzwerk von Büros im ganzen Land.*
networking *n* *We are networking all the time and we now have made many new business friends.*	**Kontakte pflegen** *Wir pflegen immer Kontakte und haben nun viele neue Geschäftsfreunde gewonnen.*
New Zealand *n* *I spent a wonderful holiday in New Zealand.*	**Neuseeland** *Ich habe einen schönen Urlaub in Neuseeland verbracht.*
New Zealander *n* *There are many New Zealanders in London.*	**Neuseeländer** *Es gibt viele Neuseeländer in London.*
news *n* *We have some interesting news about the plans of our competitors.* **bad/good news**	**Nachricht, Nachrichten** *Wir haben interessante Nachrichten über die Pläne unserer Konkurrenz.* **schlechte/gute Nachrichten**

notify *v*
We would like to notify you of the changes in your travel schedule.

informieren
Wir möchten Sie über den veränderten Zeitplan informieren.

number *n*
There are a certain number of problems which we will have to tackle in the next 6 months.
room number

Anzahl, Zahl, Ziffer
Es gibt eine gewisse Anzahl von Problemen, die wir in den nächsten 6 Monaten in Angriff nehmen müssen.
Zimmernummer

O

object *v*

I object to his smoking.

Einwände erheben, etwas dagegen haben
Ich habe etwas dagegen, dass er raucht.

objection *n*
"Do you have any objections?"
serious objections
to have objections
to raise objections

Einwand
„Haben Sie irgendwelche Einwände?"
ernsthafte Einwände
Einwände haben
Einwände erheben

objective *n*
"What are your objectives?"
firm objectives
short/medium/long-term objectives

Ziel
„Was sind Ihre Ziele?"
feste Ziele
kurz-/mittel-/langfristige Ziele

obligatory *adj*
Wearing a helmet is obligatory.

obligatorisch, Pflicht
Es ist Pflicht, einen Helm zu tragen.

observation *n*
We made some interesting observations about market developments.

Beobachtung
Wir haben einige interessante Beobachtungen über die Marktentwicklungen gemacht.

observe *v*
We have been observing the market for the last six months.
to observe something closely

beobachten
Wir beobachten den Markt seit sechs Monaten.
etwas genau beobachten

obtain *v*
We obtained building permission and started building in May.

erhalten
Wir erhielten die Baugenehmigung und fingen im Mai mit den Bauarbeiten an.

obviously *adv*
He has obviously decided to give up.

offensichtlich
Er hat sich offensichtlich dafür entschieden aufzugeben.

occasionally *adv*
He occasionally invites the staff for a meal.

gelegentlich
Gelegentlich lädt er seine Mitarbeiter zum Essen ein.

---

occupied *adj*
His line is occupied.

besetzt
Sein Telefon ist besetzt.

---

offer *n*
We received your offer last week.

an interesting offer
to make an offer

Angebot
Wir haben Ihr Angebot letzte Woche erhalten.
ein interessantes Angebot
ein Angebot machen

---

offer *v*
We offered DM 5,000 for the car.

anbieten
Wir haben DM 5.000 für das Auto angeboten.

---

office hours *n*
We have normal office hours.

Bürozeiten
Wir haben normale Bürozeiten.

---

on the one/other hand
On the one hand, we need the customers, but on the other hand, the prices are not good.

einerseits/andererseits
Einerseits brauchen wir die Kundschaft, aber andererseits sind die Preise nicht gut.

---

online *adj*
I was online for two hours.

online
Ich war zwei Stunden online.

---

opinion *n*
What's your opinion of the current Internet boom?
in my opinion
to share an opinion

Ansicht, Meinung
Was denken Sie über den aktuellen Internetboom?
meiner Meinung nach
eine Meinung teilen

---

opportunity *n*
I had no opportunity to speak to him.

to make use of an opportunity

Gelegenheit
Ich hatte keine Gelegenheit, ihn zu sprechen.
eine Gelegenheit nutzen

---

opposite *adj*
The station is opposite the department store.

gegenüber
Der Bahnhof ist gegenüber vom Kaufhaus.

---

order *n*
We received your order last week.

to fulfil an order
order fulfilment
to place an order

Auftrag, Bestellung
Wir haben letzte Woche Ihre Bestellung erhalten.
einer Bestellung nachkommen
Auftragsausführung
eine Bestellung aufgeben

order *v*
We ordered the spare parts three weeks ago and we are still waiting for them.

bestellen
Wir haben die Ersatzteile vor drei Wochen bestellt und warten immer noch auf sie.

otherwise *adv*
We have to improve after-sales-service, otherwise we are going to lose customers.

sonst
Wir müssen unseren Kundendienst verbessern, sonst werden wir Kunden verlieren.

out-of-date *adj*
Their computer system is hopelessly out-of-date.
out-of-date technology

altmodisch, veraltet
Das Computersystem ist hoffnungslos veraltet.
veraltete Technik

overcharge *v*
They overcharged me!

jdm zu viel in Rechnung stellen
Sie haben mir zu viel in Rechnung gestellt!

overheads *n*
We are reducing overheads at the moment.
crippling overheads

Betriebskosten
Wir senken zurzeit die Betriebskosten.
vernichtend hohe Betriebskosten

overtime *n*
I did 29 hours overtime last month.

Überstunden
Ich hatte im letzten Monat 29 Überstunden.

overvalue *v*
They overvalued their own products.

überbewerten
Sie haben ihre eigenen Produkte überbewertet.

owe *v*
I owe you DM 50.

schulden
Ich schulde Ihnen 50 DM.

own *v*
He owns a chain of supermarkets in London.

besitzen
Er besitzt eine Supermarktkette in London.

owner *n*
She is the owner of the shop.

Besitzer
Sie ist die Besitzerin des Ladens.

P

packaging *n*
There is so much packaging with my new video recorder.
environmentally-friendly packaging

Verpackung
Bei meinem neuen Videorekorder ist so viel Verpackung dabei.
umweltfreundliche Verpackung

paperwork *n*
I have a lot of paperwork to deal with.

a mountain of paperwork

Büroarbeit
Ich habe jede Menge Büroarbeit zu erledigen.
bergeweise Büroarbeit

---

pardon?

(Wie) bitte?

"Pardon?" Is the normal way of asking somebody to repeat something you haven't understood. You can also say: "I beg your pardon?", which is more formal, or "Sorry?".

---

participant *n*
I have spoken to the participants and they are happy with the standard of teaching.

Teilnehmer
Ich habe mit den Teilnehmern gesprochen und sie sind mit der Qualität des Unterrichts zufrieden.

---

participate *v*
We are not participating in this year's competition.

teilnehmen
Wir nehmen nicht am diesjährigen Wettbewerb teil.

---

particularly *adv*
"I like classical music, particularly Brahms".

besonders
„Ich mag klassische Musik, besonders Brahms".

---

partnership *n*
The partnership is working well.
business partnership

Partnerschaft
Die Partnerschaft läuft gut.
Geschäftsbeziehung

---

part-time *adj*
He works part-time.
a part-time job

Teilzeit-
Er hat eine Teilzeitstelle.
eine Teilzeitstelle

---

pass *v*
Pass the station on the left.

vorbeifahren, vorbeigehen
Gehen Sie links am Bahnhof vorbei.

---

passport *n*
A passport is valid for 10 years.
to issue a passport

Reisepass
Ein Reisepass ist 10 Jahre gültig.
einen Reisepass ausstellen

---

pastime *n*
Golf is my favourite pastime.

Freizeitbeschäftigung, Hobby
Golf ist mein Lieblingshobby.

---

pay *v*
They paid DM 10 million for the firm.

to pay on time

bezahlen
Sie bezahlten 10 Millionen DM für die Firma.
pünktlich bezahlen

payable *adj* The bill is payable within three weeks.	**bezahlbar, fällig** *Die Rechnung ist innerhalb von drei* *Wochen fällig.*
peas *n* "I'll have peas with the potatoes."	**Erbsen** *„Ich nehme Erbsen zu den Kartoffeln."*
pension *n* I get a good pension when I finish work. **to draw a pension** **a company pension** **enhanced pension**	**Rente** *Ich bekomme eine gute Rente, wenn ich* *zu arbeiten aufhöre.* **eine Rente beziehen** **eine Betriebsrente** **Zusatzrente**
pensioner *n* My father is a pensioner now.	**Rentner** *Mein Vater ist jetzt Rentner.*
per annum *adv* He earns 39,000 dollars per annum.	**pro Jahr** *Er verdient 39.000 Dollar pro Jahr.*
percentage *n* He receives a certain percentage as commission.	**Prozentsatz** *Er erhält einen gewissen Prozentsatz als* *Provision.*
performance *n* It was an excellent performance on the stock exchange.	**Leistung** *Es war eine hervorragende Leistung an* *der Börse.*
period *n* The period March to July was a difficult one for our company. The period from August to December was much better. **probationary period**	**Periode, Zeitraum** *Der Zeitraum von März bis Juli war sehr* *schwierig für uns. Der Zeitraum von* *August bis Dezember war viel besser.* **Probezeit**
permission *n* He didn't give permission to start negotiations. **special permission** **to grant permission**	**Erlaubnis, Genehmigung** *Er hat keine Genehmigung für die* *Verhandlungen erteilt.* **Sondererlaubnis** **Genehmigung erteilen**
personal *adj* It was a personal matter between him and me.	**persönlich** *Es war eine persönliche Angelegenheit* *zwischen ihm und mir.*
personally *adv* Personally, I don't like him.	**persönlich** *Ich persönlich mag ihn nicht.*
personnel *n* I have to go to the personnel department.	**Personal** *Ich muss zur Personalabteilung.*

pessimistic *adj*	pessimistisch
I think you are being too pessimistic. You are forgetting the good news we received last week.	*Ich glaube, du bist zu pessimistisch. Du vergisst die guten Nachrichten, die wir letzte Woche erhalten haben.*
phase *n*	Phase
We are only in the project phase of our new business plan. The next two phases will be critical for us.	*Wir sind erst in der Projektphase unseres neuen Geschäftsplans. Die nächsten zwei Phasen werden kritisch sein.*
phone *n*	Telefon
"Can I use your phone?"	*„Kann ich Ihr Telefon benutzen?"*
house phone	**Haustelefon**

"**Phone**" is an informal way of saying „telefonieren". You can also say "ring somebody", "give somebody a ring", "give somebody a call" or "call somebody". They are all informal expressions. The most formal expression is: "to telephone somebody".

phone *v*	anrufen, telefonieren
place an order *v*	einen Auftrag, eine Bestellung erteilen
We placed an order with you six days ago and we are waiting for confirmation.	*Wir haben Ihnen vor 6 Tagen einen Auftrag erteilt und warten immer noch auf eine Bestätigung.*
to cancel an order	**eine Bestellung stornieren**
to change an order	**eine Bestellung ändern**
to receive an order	**eine Bestellung erhalten**
plan *n*	Plan
We have a new plan.	*Wir haben einen neuen Plan.*
plan *v*	etwas vorhaben, planen
We plan to open new offices in Hamburg next year.	*Wir haben vor, nächstes Jahr neue Büros in Hamburg zu eröffnen.*
a business plan	**ein Geschäftsplan**
plant *n*	Anlage
This is our production plant.	*Hier ist unsere Produktionsanlage.*
point *n*	Punkt
That is a very interesting point.	*Das ist ein sehr interessanter Punkt.*
to raise a point	**einen Punkt anführen**
point out *v*	hinweisen
I have to point out that our guarantee is only valid for 6 months.	*Ich muss darauf hinweisen, dass unsere Garantie nur 6 Monate läuft.*

Poland *n* *Poland now has a vibrant economy.*	Polen *Polen hat jetzt eine florierende Wirtschaft.*
policy *n* *It is our company policy.* **financial policy** **insurance policy**	Politik; Police *Es ist unsere Firmenpolitik.* **Finanzpolitik** **Versicherungspolice**
Polish *adj* *The Polish miners are on strike again.*	polnisch *Die polnischen Bergarbeiter streiken wieder.*
polite *adj* *They were very polite when I visited them last year.* **polite behaviour** **a polite request**	höflich *Sie waren sehr höflich, als ich sie letztes Jahr besucht habe.* **höfliches Benehmen** **eine höfliche Bitte**
politician *n* *The politicians always make interesting election promises.*	Politiker *Die Politiker machen immer interessante Wahlversprechen.*
politics *n* *Adenauer dominated German politics in the post-war period.*	Politik *Adenauer dominierte die deutsche Politik der Nachkriegszeit.*
popular *adj* *This is the most popular mouse we have.*	beliebt *Das ist die beliebteste Maus, die wir haben.*
population *n* *What is the population of France?* **dense population** **population growth**	Bevölkerung *Wie hoch ist die Einwohnerzahl von Frankreich?* **dichte Bevölkerung** **Bevölkerungswachstum**
pork *n* *I don't eat much pork.*	Schweinefleisch *Ich esse selten Schweinefleisch.*
port *n* *The next port is Rotterdam.* **ex port**	Hafen *Der nächste Hafen ist Rotterdam.* **ex Hafen**
portion *n* *Would you like another portion of rice?*	Portion *Möchten Sie noch eine Portion Reis?*
Portugal *n* *Portugal used to be a poor country.*	Portugal *Portugal war früher ein armes Land.*

Portuguese *adj*
She speaks fluent Portuguese.

portugiesisch
Sie spricht fließend portugiesisch.

possibility *n*
There is no possibility of fulfilling the deadline.

Möglichkeit
Es besteht keine Möglichkeit, die Frist einzuhalten.

possibly *adv*
He is possibly still at home.

möglicherweise, vielleicht
Vielleicht ist er noch zu Hause.

post *n*
"Did you get any post today?"
"Yes, two letters from the inland revenue. Only bad news."

Post
„Hast du heute Post bekommen?"
„Ja, zwei Briefe vom Finanzamt." Nur schlechte Nachrichten."

post *v*
I posted the parcel on Tuesday.

schicken, senden
Am Dienstag habe ich das Paket verschickt.

post office *n*
It took me 20 minutes to find the post office.

Postamt
Ich brauchte 20 Minuten, um das Postamt zu finden.

postpone *v*
He postponed the business trip till next month.

verschieben
Er hat die Geschäftsreise auf nächsten Monat verschoben.

potatoes *n*
I normally have potatoes with steak.

Kartoffeln
Ich esse normalerweise Kartoffeln zum Steak.

fried potatoes
jacket potatoes
mashed potatoes

Bratkartoffeln
Pellkartoffeln
Kartoffelbrei

potential *adj*
This product is a potential best-seller.

potentiell
Dieses Produkt ist ein potentieller Bestseller.

power *n*
Britain is no longer an economic super power.

Kraft, Macht
England ist keine wirtschaftliche Supermacht mehr.

powerful *adj*
The trade unions in France are supposed to be rather powerful.

mächtig
In Frankreich sollen die Gewerkschaften ziemlich mächtig sein.

power station *n*
The nuclear power stations have now been shut down.

Kraftwerk
Die Atomkraftwerke sind jetzt abgeschaltet worden.

pound *n* *The pound is getting stronger.* **a pound note** **in for a penny, in for a pound**	Pfund *Das Pfund wird immer stärker.* **ein Pfundschein** **wenn schon, denn schon**
practical *adj* *It is very practical to have a secretary who speaks three important foreign languages.*	praktisch *Es ist sehr praktisch, wenn man eine Sekretärin hat, die drei wichtige Fremdsprachen kann.*
practically *adv* *We practically lost all contact.*	praktisch *Wir haben praktisch alle Kontakte verloren.*
practice *n* *We had a lot of practice on Thursday.* **Practice makes perfect.**	Übung *Wir hatten am Donnerstag viel Übung.* **Übung macht den Meister.**
practise *v* *I practised my presentation the day before.*	üben *Ich übte meine Präsentation am Vortag.*
praise *v* *He is a good boss and always praises his staff when he thinks it appropriate.*	loben *Er ist ein guter Chef und lobt seine Mitarbeiter immer dann, wenn er es für richtig hält.*
praiseworthy *adj* *Your idea is praiseworthy, but unfortunately impractical.* **a praiseworthy attempt**	lobenswert *Deine Idee ist lobenswert, aber leider nicht durchführbar.* **ein lobenswerter Versuch**
pragmatic *adj* *I always try and remain pragmatic.* **a pragmatic approach**	pragmatisch *Ich versuche immer pragmatisch zu bleiben.* **ein pragmatischer Ansatz**
precise *adj* *We have now gathered some precise information about our competitors.* **precise details**	präzise, genau *Wir haben jetzt einige präzise Informationen über unsere Konkurrenz.* **genaue Einzelheiten**
precisely *adv* *"We don't have enough trained staff."* *"Precisely."*	eben, genau *"Wir haben nicht ausreichend Personal."* *"Genau."*
precondition *n* *A degree is a precondition for the job.*	Voraussetzung *Ein Hochschulabschluss ist Voraussetzung für die Stelle.*

prefer *v*
I prefer red wine.

bevorzugen, vorziehen
Ich bevorzuge roten Wein.

prejudice *n*

Vorurteil

Avoiding **prejudice** is one of the most important aims when companies prepare staff
for visits abroad and is included in every cultural awareness training seminar.

preparation *n*
*This course is an excellent preparation for
a job in marketing.*
thorough preparation

Vorbereitung
*Dieser Kurs ist eine ausgezeichnete Vor-
bereitung für eine Stelle im Marketing.*
gründliche Vorbereitung

prepare *v*
*I prepared myself for the negotiations
by reading the company's PR material
which I found in reception.*

vorbereiten
*Ich habe mich auf die Verhandlungen
vorbereitet, indem ich das PR-Material
der Firma las, welches ich an der Rezep-
tion fand.*

present *adj*
*The present government has done little
to combat unemployment.*
the present situation

aktuell
*Die aktuelle Regierung hat wenig für die
Bekämpfung der Arbeitslosigkeit getan.*
die aktuelle Lage

present *n*
They gave me a lovely present when I left.

Geschenk
*Sie haben mir beim Abschied ein sehr
schönes Geschenk gegeben.*

present *v*
*They presented him with a gold watch
after 30 years service with the company.
We presented the facts to her in the
form of a presentation.*

überreichen; vorstellen
*Nach 30 Dienstjahren haben sie ihm eine
goldene Uhr überreicht.
Wir haben ihr die Tatsachen in Form
einer Präsentation vorgestellt.*

prescription *n*
*I had to go to the chemist's to pick up a
prescription.*

Rezept
*Ich musste zur Apotheke gehen, um ein
Rezept abzuholen.*

press *n*
*The press were in favour of the govern-
ment. This changed after the last general
election when the general public became
disillusioned.*
press conference
press release

die Presse
*Die Presse war für die Regierung.
Dies hat sich nach der letzten Wahl
geändert, nachdem die allgemeine
Öffentlichkeit desillusioniert wurde.*
Pressekonferenz
Pressemitteilung

pressure *n*
The pressure to sell was enormous.
to be under pressure
to put pressure on sb
strong pressure

Druck
Der Verkaufsdruck war enorm.
unter Druck stehen
Druck auf jdn ausüben
starker Druck

previous *adj*
Who was the previous owner?

vorherig
Wer war der Vorbesitzer?

previously *adv*
She previously worked in the pharma-ceutical industry but she now works in the building trade.

vorher
Sie hat vorher in der Pharmaindustrie gearbeitet, arbeitet aber jetzt im Baugewerbe.

price *n*
We think this is a sensible price.

We could, however, talk about prices at a later date.
to bring down prices
to fix a price
to increase prices
a price war
to reduce prices
a high/low price

Preis
Wir glauben, dass dies ein vernünftiger Preis ist.
Wir könnten jedoch zu einem späteren Zeitpunkt über Preise reden.
Preise senken
einen Preis festlegen
Preise erhöhen
ein Preiskrieg
Preise reduzieren
ein hoher/niedriger Preis

price *v*
He has priced his car very high.

einen Preis ansetzen
Er hat für sein Auto einen hohen Preis angesetzt.

print out *v*
I have printed out the information for you. I will also send it to you by post.

ausdrucken
Ich habe die Informationen für dich aus-gedruckt. Ich schicke es dir per Post zu.

printer *n*
I have bought a new printer.

Drucker
Ich habe einen neuen Drucker gekauft.

prioritize *v*
I have prioritized my aims for this half year.

nach Priorität ordnen
Ich habe meine Ziele für dieses Halbjahr nach Prioritäten geordnet.

priority *n*
Our main priority must be to improve after-sales service.

Priorität
Unsere Hauptpriorität muss die Verbesse-rung des Kundendienstes sein.

prize *n*
Our products have won many prizes in the last few years. Our biggest prize was won at the Hanover Fair three years ago

Preis, Auszeichnung
Unsere Produkte haben in den letzten Jahren viele Auszeichnungen gewonnen. Unsere größte Auszeichnung wurde vor

when our latest laptop won the first prize for design and value.

drei Jahren bei der Hannover Messe verliehen, als unser neuester Laptop den ersten Preis für Design und Preis-Leistungs-Verhältnis gewonnen hat.

pro *prep*
I am pro Europe.
the pros and cons

für, pro
Ich bin pro Europa
das Für und Wider

probable *adj*
The probable reason for the problems is the poor purchasing power of consumers at the moment.

wahrscheinlich
Der wahrscheinliche Grund für die Probleme ist die schlechte Kaufkraft der Konsumenten zurzeit.

probably *adv*
"Where's Jim?" "He's probably at home."

wahrscheinlich
„Wo ist Jim?" "Er ist wahrscheinlich zu Hause."

probability *n*
The probability is slim.
in all probability

Wahrscheinlichkeit
Die Wahrscheinlichkeit ist gering.
aller Wahrscheinlichkeit nach

probationary period *n*
In my new job there is a probationary period of six months.

Probezeit
Bei meiner neuen Stelle gibt es eine Probezeit von sechs Monaten.

procedure *n*

What's the procedure for claiming back travelling expenses?

Prozedur, Verfahren, Verfahrensweise
Wie ist die Verfahrensweise für Rückerstattung von Reisekosten?

process *n*
Building up trust with customers is a long and sometimes difficult process.

Prozess
Der Aufbau von Vertrauen mit Kunden ist oft ein langer und manchmal schwieriger Prozess.

produce *v*
They produce about 7,000 cylinder heads per week.

herstellen, produzieren
Sie produzieren circa 7.000 Zylinderköpfe pro Woche.

product *n*
This is our new product for young mothers.
high-quality product
top-selling product

Produkt
Dies ist unser neues Produkt für junge Mütter.
Qualitätsprodukt
Verkaufsrenner

production *n*
They are involved in the production of switch gears.

Herstellung, Produktion
Sie beschäftigen sich mit der Herstellung von Schaltanlagen.

mass production	**Massenproduktion**
production costs	**Produktionskosten**

profession *n* *Computer specialist is the most popular profession at the moment.*	Beruf *Computerfachmann ist der zurzeit beliebteste Beruf.*
professional *adj* *Most of my professional experience I have gained abroad.* **professional training**	beruflich *Die meisten beruflichen Erfahrungen habe ich im Ausland gesammelt.* **Berufsausbildung**
professionally *adj* *Professionally, my time in the army was very useful for me. It was also a very nice time.*	beruflich *Beruflich hat mir die Armeezeit viel gebracht. Es war auch eine sehr schöne Zeit.*
profit *n* *We did not make much profit on these products.* **profit margin**	Gewinn *Wir haben wenig Gewinn bei diesen Produkten gemacht.* **Gewinnspanne**
profitable *adj* *The business was no longer profitable and they decided to close it.*	gewinnbringend, gewinnträchtig *Das Geschäft war nicht mehr gewinnbringend und sie haben sich entschlossen, es zu schließen.*
progress *n* *They are making good progress.*	Fortschritt *Sie machen gute Fortschritte.*
progressive *adj* *They have a progressive tax system.*	progressiv *Sie haben ein progressives Steuersystem.*
program *n* *The price of the computer programs is very high.*	Programm *Der Preis für Computerprogramme ist sehr hoch.*
programme *n* *We had a full programme every day.*	Programm *Wir hatten jeden Tag ein volles Programm.*
project *n* *This a very big project.* **project manager** **project work**	Projekt *Dies ist ein sehr großes Projekt.* **Projektmanager** **Projektarbeit**
promise *n* *His promise was to reduce unemployment.*	Versprechen *Sein Versprechen war, die Arbeitslosigkeit zu senken.*

promise *v* *He promised to send the goods by* *next week.*	versprechen *Er hat versprochen, die Waren bis nächste* *Woche zu schicken.*
promote *v* *He was promoted last year.*	befördern *Er ist letztes Jahr befördert worden.*
promotion *n* *He got a promotion last May.* **promotion prospects** **promotion of a company**	Beförderung *Er ist letzten Mai befördert worden.* **Beförderungschancen** **Firmengründung**
prompt *adj* *We got very prompt service.*	prompt, zügig *Wir haben einen zügigen Service gehabt.*
promptly *adv* *They promptly fired him.*	auf der Stelle, prompt *Sie haben ihn auf der Stelle gefeuert.*
proper *adj* *We had a proper meal in the restaurant.*	richtig *Wir hatten eine richtige Mahlzeit im* *Restaurant.*
properly *adv* *They did the job properly.*	richtig *Sie haben die Arbeit richtig gemacht.*
proposal *n* *They made a very interesting proposal.* *His proposal was not acceptable.* **to accept a proposal** **to turn down a proposal** **to write a proposal**	Angebot, Vorschlag *Sie haben ein interessantes Angebot* *gemacht.* *Sein Vorschlag war nicht akzeptabel.* **ein Angebot annehmen** **ein Angebot ablehnen** **ein Angebot schreiben**
propose *v* *They are proposing to build a new* *production plant near the railway station.*	vorhaben, vorschlagen *Sie schlagen vor, eine neue Produktions-* *anlage in der Nähe des Bahnhofes zu* *bauen.*
proposition *n* *It is an interesting proposition.*	Angebot *Es ist ein interessantes Angebot.*
prospective *adj* *He is my prospective boss.* **a prospective buyer**	(zu)künftig *Er ist mein zukünftiger Chef.* **ein potenzieller Käufer**
prospect *n* *Their prospects do not look good.* **bright prospects** **gloomy prospects**	Aussicht *Ihre Aussichten sehen nicht gut aus.* **gute Aussichten** **düstere Aussichten**

provide *v*	**besorgen**
They provided me with a laptop so I could write my reports when on business trips.	*Sie haben mir einen Laptop besorgt, sodass ich meine Berichte während meiner Geschäftsreisen schreiben konnte.*
public holiday *n*	**gesetzlicher Feiertag**

> There are many words in English for holidays and "bank holiday" means the same as **"public holiday"** and corresponds to the German „gesetzlicher Feiertag". There are also the words "Spring bank holiday" and "Summer bank holiday" which are at the end of May and August respectively.

punctual *adj*	**pünktlich**
The train was punctual.	*Der Zug war pünktlich.*
punctually *adv*	**pünktlich**
We arrived punctually at 7.10.	*Wir kamen pünktlich um 7.10 Uhr an.*
purchase *n*	**Kauf**
The microwave was the best purchase I ever made.	*Die Mikrowelle war der beste Kauf, den ich je getätigt habe.*
to make a purchase	**einen Kauf tätigen**
purchase price	**Kaufpreis**
purchasing department *n*	**Einkaufsabteilung**
He has been working in the purchasing department since January.	*Seit Januar arbeitet er in der Einkaufsabteilung.*
purpose *n*	**Zweck**
What is the purpose of his visit?	*Was ist der Zweck seines Besuches?*
put somebody through *v*	**jdn telefonisch verbinden**
I'll put you through.	*Ich verbinde Sie.*

Q

quadruple *v*	**vervierfachen**
Sales have quadrupled.	*Die Umsätze haben sich vervierfacht.*
qualified *adj*	**qualifiziert**
We are looking for qualified people with knowledge of SAP.	*Wir suchen Personen mit SAP-Kenntnissen.*
highly qualified	**hoch qualifiziert**
a qualified accountant	**ein ausgebildeter Buchhalter**

qualify *v*
He qualified as a doctor in 1989.

abschließen
Er hat seine Ausbildung zum Arzt 1989 abgeschlossen.

---

quality *n*
The quality of their service leaves a lot to be desired.
high quality
quality control
top quality

Qualität
Die Qualität ihrer Dienstleistungen lässt viel zu wünschen übrig.
hohe Qualität
Qualitätskontrolle
erstklassige Qualität

---

quantity *n*
We have large quantities of tea in storage.
huge quantities

Menge, Quantität
Wir haben große Mengen an Tee auf Lager.
riesige Mengen

---

quantify *v*
I couldn't quantify the amount of spare parts.

beziffern
Ich konnte die Anzahl der Ersatzteile nicht beziffern.

---

quarter *n*
A quarter of our staff live outside London and commute every day to our main office Kensington.

Viertel
Ein Viertel unseres Personals wohnt außerhalb Londons und pendelt jeden Tag zu unserer Hauptfiliale in Kensington.

---

quarterly *adj*
We pay our bills quarterly.

vierteljährlich
Wir zahlen unsere Rechnungen vierteljährlich.

---

query *n*
We have a query regarding our order dated 12 May 2001.

Anfrage
Wir haben eine Anfrage bezüglich unserer Bestellung vom 12. Mai 2001.

---

question *n*
They had many questions.
a tricky question
to answer a question
to ask a question

Frage
Sie hatten viele Fragen.
eine knifflige Frage
eine Frage beantworten
eine Frage stellen

---

question *v*
I questioned his decision and he couldn't give me a satisfactory answer.

in Frage stellen
Ich habe seine Entscheidung in Frage gestellt und er hatte keine zufriedenstellende Antwort für mich.

---

questionable *adj*
It was a questionable decision.

fragwürdig
Es war eine fragwürdige Entscheidung.

---

quick *adj*
We need a quick decision.

schnell
Wir brauchen eine schnelle Entscheidung.

quid *n*	Pfund

The word **"quid"** is a slang expression for "pound" and is used in everyday life in Britain. It is not used in business.

quotation *n* We would like your quotation as soon as possible. Groucho Marx's quotations are very famous.	Kostenvoranschlag; Zitat Wir möchten Ihren Kostenvoranschlag so schnell wie möglich. Groucho Marxs Zitate sind sehr berühmt.
quota *n* There is a certain quota which we must fulfill.	Quote Wir müssen eine bestimmte Quote erfüllen.

R

radical *adj* There was a radical change after the war.	radikal Es gab eine radikale Veränderung nach dem Krieg.
radically *adv* The firm's policy changed radically.	radikal Die Firmenpolitik veränderte sich radikal.
rail *n* Rail travel is expensive. **to go/travel by rail** **railcard**	Bahn Reisen mit der Bahn ist teuer. **mit der Bahn fahren** **Bahncard**
range *n* We have a large range of goods. **wide range**	Angebot, Reihe Wir haben ein großes Angebot an Gütern. **ein breites Angebot**
rate *n* There is a high rate of unemployment in this area. **hourly rate of pay** **overtime rate** **local rates**	Rate, Satz Es gibt eine hohe Arbeitslosenrate in dieser Gegend. **Stundensatz** **Überstundentarif** **Gemeindeabgaben**
rather *adv* We find their prices rather high.	ziemlich Wir finden ihre Preise ziemlich hoch.

rebate *n*
As we used less electricity than usual last year, we received a large rebate last week.

Rückzahlung
Da wir letztes Jahr weniger Strom als sonst verbraucht haben, haben wir letzte Woche eine große Rückzahlung erhalten.

reach *v*
We reached Düsseldorf by 11 o'clock.

erreichen
Wir haben Düsseldorf um 23.00 erreicht.

reaction *n*
Their reaction was surprisingly positive.
a chain reaction
a positive reaction

Reaktion
Ihre Reaktion war überraschend positiv.
eine Kettenreaktion
eine positive Reaktion

ready *adj*
We are ready to help you, if you wish.

Are you ready?
ready to go

bereit, fertig
Wir sind bereit, Ihnen zu helfen, wenn Sie wollen.
Bist du fertig?
startbereit

reason *n*
The main reason for the decrease is the strong currency.
for obvious reasons

Grund
Der Hauptgrund für die Senkung ist die starke Währung.
aus offensichtlichen Gründen

reasonable *adj*
Be reasonable!
a reasonable price

vernünftig
Sei vernünftig!
ein vernünftiger Preis

recap *v*
At this point I would like to recap what I have talked about today.

zusammenfassen
An dieser Stelle möchte ich zusammenfassen, worüber ich heute gesprochen habe.

receipt *n*
We confirm the receipt of your order.

We will be processing the order in the next few days.
"Would you like a receipt?"
"Yes, please."

Eingang; Quittung
Wir bestätigen den Eingang Ihrer Bestellung.
Wir werden die Bestellung in den nächsten Tagen bearbeiten.
„Möchten Sie eine Quittung?"
„Ja, bitte."

receive *v*
We received your letter last week.

to receive a guest

erhalten, empfangen
Wir haben letzte Woche Ihren Brief erhalten.
einen Gast empfangen

recently *adv*
I saw John Davies recently.

neulich, vor kurzem
Ich habe vor kurzem John Davies gesehen.

reception *n* *I shall meet you at reception.* **a warm reception**	Empfang, Rezeption *Ich hole Sie von der Rezeption ab.* **ein herzlicher Empfang**
receptionist *n* *She works as a receptionist at the weekend.*	Empfangsdame, Rezeptionist/in *Sie arbeitet am Wochenende als Rezeptionistin.*
recession *n* *We are facing a recession.*	Abschwung, Rezession *Wir stehen vor einer Rezession.*
recognition *n* *I don't get any recognition for my work.*	Anerkennung *Ich bekomme keine Anerkennung für meine Arbeit.*
recognize *v* *I didn't recognize you in jeans.*	anerkennen, erkennen *Ich habe Sie in Jeans nicht erkannt.*
recommend *v* *He recommended this hotel to me and I like it very much.*	empfehlen *Er hat mir das Hotel empfohlen und es gefällt mir sehr.*
recommendable *adj* *Eating there is not recommendable.*	empfehlenswert *Dort zu essen ist nicht empfehlenswert.*
reconsider *v* *I will have to reconsider it. I will give you a decision when I have spoken to the manager.* **to reconsider a decision**	sich etwas noch mal überlegen *Ich muss es mir noch mal überlegen. Ich gebe Ihnen meine Entscheidung, wenn ich mit dem Geschäftsführer gesprochen habe.* **eine Entscheidung überdenken**
recover *v* *The market has recovered since last we met.*	sich erholen *Der Markt hat sich erholt, seit wir uns zum letzten Mal getroffen haben.*
recycle *v* *We recycle all our paper.* **recycling plant**	recyceln, wieder verwenden *Wir verwenden unser gesamtes Papier wieder.* **Recyclinganlage**
reduce *v* *We must reduce costs.*	reduzieren, senken *Wir müssen die Kosten senken.*
reduction *n* *There has been a reduction in unemployment.* **a dramatic reduction** **a slight reduction**	Senkung, Verringerung *Es gab eine Verringerung der Arbeitslosigkeit.* **eine drastische Senkung** **eine leichte Senkung**

refer *v* *We refer to your letter of 12 July 2001.*	**sich beziehen** *Wir beziehen uns auf Ihren Brief vom 12.07.01.*
reference *n* *My last boss gave me an excellent reference.* **with reference to**	**Zeugnis** *Mein letzter Chef hat mir ein sehr gutes Zeugnis ausgestellt.* **in Bezug auf**
refreshments *n* *Refreshments were available on board.*	**Speisen und Getränke** *Speisen und Getränke waren an Bord erhältlich.*
refund *n* *We got a refund, but we had to fight a long time for it.*	**Rückerstattung** *Wir haben eine Rückerstattung bekommen, aber wir mussten lange darum kämpfen.*
refund *v* *They refunded the money in full. This was a big help for us.*	**zurückerstatten** *Sie haben das Geld in voller Höhe zurückerstattet. Das war eine große Hilfe für uns.*
refuse *v* *They refused to accept our compromise solution.* *They refused our offer.*	**ablehnen; sich weigern** *Sie weigerten sich, unsere Kompromisslösung anzunehmen.* *Sie haben unser Angebot abgelehnt.*
refusal *n* *Their refusal was a shock for us.* **a blank refusal**	**Verweigerung, Ablehnung** *Ihre Ablehnung war ein Schock für uns.* **eine strikte Verweigerung**
regard *v* *They regarded our ideas as too old-fashioned.*	**halten** *Sie hielten unsere Ideen für zu altmodisch.*
region *n* *They live in the London region.* **in the region of 20 million**	**Gegend, Region** *Sie wohnen in der Londoner Gegend.* **gegen 20 Millionen**
register *v*	**(sich) anmelden**

People resident in Britain do not have to **register** with the authorities and therefore have no identity card. In this way, Britain is unique in Europe. When British people need to identify themselves, they show their driving licence, passport or birth certificate.

to register a complaint	**eine Beschwerde einlegen**

registered post *n*
*I sent the letter by registered post.
Unfortunately I lost the receipt.*

Einschreiben
*Ich habe den Brief per Einschreiben
geschickt. Leider habe ich die Quittung
verlegt.*

registration *n*
*You need to send us your registration
by next Friday at the latest.*
registration form

Anmeldung
*Sie müssen uns Ihre Anmeldung bis
spätestens nächsten Freitag schicken.*
Anmeldeformular

regret *n*
*It is with regret that we have to termi-
nate our contract.*

Bedauern
*Mit Bedauern müssen wir Ihnen mit-
teilen, dass wir Ihren Vertrag kündigen
müssen.*

regret *v*
*We regret to have to inform you that we
have found new suppliers.*

bedauern
*Wir bedauern, Ihnen mitteilen zu müssen,
dass wir neue Lieferanten gefunden
haben.*

regular *adj*
We get regular deliveries.

regelmäßig
Wir bekommen regelmäßige Lieferungen.

regularly *adv*
He visits us regularly.

regelmäßig
Er besucht uns regelmäßig.

relation *n*

*There is a strong relation between
youth unemployment and violence.
We have relations in Canada.*

Verhältnis, Verbindung; Ver-
wandte
*Es gibt eine enge Verbindung zwischen
Jugendarbeitslosigkeit und Gewalt.
Wir haben Verwandte in Kanada.*

relative *adj, n*
*There has been a relative improvement.
We have relatives in New Zealand.*
It's all relative.

relativ; Verwandte
*Es gab eine relative Verbesserung.
Wir haben Verwandte in Neuseeland.*
Es ist alles relativ.

relatively *adv*
*The market is relatively quiet at the
moment.*
relatively certain

relativ, verhältnismäßig
Der Markt ist zurzeit relativ still.

relativ sicher

relevant *adj*
We have the relevant information.
the relevant authorities

relevant, zuständig
Wir haben die relevanten Informationen.
die zuständigen Behörden

reliable *adj*
We have a very reliable car.
reliable staff

zuverlässig
Wir haben ein sehr zuverlässiges Auto.
zuverlässiges Personal

rely *v* We can always rely on Mr Chambers.	sich verlassen Man kann sich immer auf Herrn Chambers verlassen.
remaining *adj* The remaining guests went home. **remaining bills**	übrig Die übrigen Gäste gingen nach Hause. **ausstehende Rechnungen**
remain *v* They remained good friends.	bleiben Sie blieben gute Freunde.
remark *n* It was an undiplomatic remark to make in a business situation.	Bemerkung Es war eine undiplomatische Bemerkung für eine Geschäftssituation.
remark *v* He remarked how good the sales figures were.	etwas bemerken Er hat bemerkt, wie gut die Verkaufszahlen sind.
remember *v* He remembered the date of the sales conference but forgot the time.	sich erinnern Er hat sich an das Datum der Verkaufstagung erinnert, hat aber die Uhrzeit vergessen.
remind *v* He reminded me of the discount we had agreed upon.	erinnern Er erinnerte mich an den Rabatt, den wir ausgehandelt hatten.
reminder *n* It was our second reminder. **an official reminder** **a polite reminder**	Erinnerung, Mahnung Es war unsere zweite Mahnung. **eine offizielle Erinnerung** **eine höfliche Erinnerung**
remove *v* We removed the label from the packaging.	entfernen Wir entfernten das Etikett von der Verpackung.
renew *v* They renewed the contract last week. **to renew a passport**	erneuern, verlängern Sie haben den Vertrag letzte Woche erneuert. **einen Reisepass verlängern**
rent *n* The rent for our shop is still low.	Miete Die Miete für unseren Laden ist noch niedrig.
rent *v* We rented the shop for six months.	mieten Wir haben den Laden für sechs Monate gemietet.

rental *adj*
We have a rental contract on the T.V. but next year we are going to buy one.

Miet-
Wir haben einen Mietvertrag für einen Fernseher, aber nächstes Jahr werden wir uns einen eigenen kaufen.

rent out *v*
They rented out the garage every winter and it was a useful source of income for the company.

vermieten
Sie haben die Garage jeden Winter vermietet und es war eine nützliche Geldquelle für die Firma.

repeat *v*
This is an offer we cannot repeat very often.
repeat order

wiederholen
Das ist ein Angebot, das wir nicht sehr oft wiederholen können.
Nachbestellung

replace *v*
They replace the office furniture every 5 years.

ersetzen
Sie ersetzen die Büromöbel alle 5 Jahre.

replacement *n*
We have now found a replacement for our technical manager.
a temporary replacement

Ersatz
Wir haben jetzt Ersatz für unseren technischen Leiter gefunden.
vorläufiger Ersatz

reply *n*
We expect your reply by next week.

a quick reply
a written reply

Antwort
Wir erwarten Ihre Antwort bis nächste Woche.
eine zügige Antwort
eine schriftliche Antwort

reply *v*
They replied to our letter last week and now we have to act.

to reply quickly

antworten, beantworten
Sie haben letzte Woche auf unseren Brief geantwortet und jetzt müssen wir handeln.
zügig antworten

report *n*
We will send a report.
a comprehensive report

Bericht
Wir werden einen Bericht schicken.
ein ausführlicher Bericht

report *v*
She reported on her latest business trip.

financial report
progress report

berichten
Sie hat über ihre neueste Geschäftsreise berichtet.
Finanzbericht
Fortschrittsbericht

representative *adj*
This is hardly representative of the whole population.

repräsentativ
Das ist kaum repräsentativ für die ganze Bevölkerung.

representative *n*
*He is an excellent representative
of our company.*
sales representative

Vertreter/in
*Er ist ein ausgezeichneter Vertreter
unserer Firma.*
Außendienstmitarbeiter/in

Rep is an informal way of talking about **sales representatives.** The word has rather
a negative feel to it and suggests that he/she is involved in hard sell activities, travelling
from town to town and living out of a suitcase.

reputable *adj*
*It is a reputable company which has our
full confidence. We can recommend them
to you.*

renommiert
*Es handelt sich um eine renommierte
Firma, die unser volles Vertrauen genießt.
Wir können sie Ihnen empfehlen.*

reputation *n*
*Their reputation has suffered since they
were involved in the bribes scandal.*

Ruf
*Ihr Ruf hat gelitten, seitdem sie in die
Schmiergeldaffäre verwickelt waren.*

require *v*
*You require a residence permit before
starting up a business in Poland.*

benötigen
*Man benötigt eine Aufenthaltsgenehmi-
gung, bevor man ein Geschäft in Polen
gründen kann.*

requirement *n*
*What are the requirements for ob-
taining a work permit in the USA?*

tough requirements

Bedingung, Voraussetzung
*Was sind die Voraussetzungen, um eine
Arbeitsgenehmigung für die USA zu bekommen?*
harte Bedingungen

research *n*
The company is constantly doing research.

**research and development
research scientist**

Forschung
*Die Firma ist ständig mit Forschung
beschäftigt.*
**Forschung und Entwicklung
Forschungswissenschaftler/in**

reservation *n*
*We have certain reservations about
the project.
"Can you make a reservation for 8?"*

**a firm reservation
serious reservations**

Bedenken; Reservierung
*Wir haben bestimmte Bedenken zu dem
Projekt.
„Können Sie eine Reservierung für
8 machen?"*
**eine feste Reservierung
ernsthafte Bedenken**

reserve *v*
We reserved the table for 8 o'clock.

reservieren
*Wir haben den Tisch für 20 Uhr re-
serviert.*

respect *n* *I have a lot of respect for self-employed people.*	Respekt *Ich habe viel Respekt vor Selbstständigen.*
respect *v* *We must respect our clients' wishes.*	respektieren *Wir müssen die Wünsche unserer Klienten respektieren.*
responsible *adj* *He is responsible for research and development.*	zuständig, verantwortlich *Er ist für Forschung und Entwicklung zuständig.*
responsibly *adv* *He behaved very responsibly under the circumstances.*	verantwortlich *Er hat sich den Umständen entsprechend sehr verantwortlich benommen.*
retire *v* *He retired last year.*	in den Ruhestand treten *Er ist letztes Jahr in den Ruhestand getreten.*
retired *adj* *He has been retired since June.*	Rentner sein *Er ist seit Juni Rentner.*
revise *v* *We will have to revise the text we wrote for the new advertising campaign.*	revidieren, überprüfen *Wir müssen den Text revidieren, den wir für die neue Werbekampagne geschrieben haben.*
right *n* *They have no right to use our texts without permission.* **to be right**	Recht *Sie haben kein Recht, unsere Texte ohne Genehmigung zu benutzen.* **Recht haben**
right *adj* *"Are you sure you have brought the right documents?"* **my right hand man**	richtig *„Bist du sicher, dass du die richtigen Unterlagen mitgebracht hast?"* **meine rechte Hand**
rich *adj* *They are one of the richest families in Hamburg.*	reich *Sie sind eine der reichsten Familien Hamburgs.*
rigorous *adj* *They made a rigorous examination.*	rigoros, streng, strikt *Sie haben eine rigorose Prüfung durchgeführt.*
rise *v* *Our costs rose too steeply last year.*	steigen *Unsere Kosten stiegen letztes Jahr zu stark.*

rising *adj* *Rising prices are threatening the profitability of many businesses.*	steigend *Steigende Preise bedrohen die Rentabilität vieler Geschäfte.*
role *n* *That is the main role of the trade unions in that country.* **role play**	Rolle *Das ist die Hauptrolle der Gewerkschaften in jenem Land.* **Rollenspiel**
rosy *adj* *Things don't look too rosy.*	rosig *Es sieht alles nicht so rosig aus.*
rough *adj* *I can only give you a rough estimate.* **rough estimate** **rough copy**	grob *Ich kann Ihnen nur eine grobe Schätzung geben.* **grobe Schätzung** **Konzept, Entwurf**
roughly *adv* *We sold roughly 7,500 units last year in South Africa.*	grob *Grob geschätzt haben wir letztes Jahr 7.500 Stück in Südafrika abgesetzt.*
routine *n* *It is part of the routine.* **a routine procedure** **the daily routine**	Routine *Es gehört zur Routine.* **eine Routinesache** **der Alltag**
rule *n* *There are so many rules to observe in this line of business.* **the golden rule**	Regel *Es sind so viele Regeln in dieser Branche zu beachten.* **die goldene Regel**
Rumania *n* *We are trying to develop business ties in Rumania.*	Rumänien *Wir versuchen Geschäftsverbindungen in Rumänien zu entwicklen.*
Rumanian *adj* *We know little about Rumanian customs regulations.*	rumänisch *Wir wissen wenig über rumänische Zollbestimmungen.*
rumours *n* *There are rumours that they are planning a take over.* **to spread rumours**	Gerüchte *Es gibt Gerüchte, dass sie eine Übernahme planen.* **Gerüchte in die Welt setzen**
rush *n* *I was in a rush.* **rush hour** **a rush job**	Eile *Ich war in Eile.* **Hauptverkehrszeit** **ein eiliger Auftrag**

rush *v* We rushed to the station and just caught the train.	**eilen** *Wir sind zum Bahnhof geeilt und haben den Zug gerade noch erreicht.*
Russia *n* He has had a firm in Russia for 4 years now.	**Russland** *Er hat seit 4 Jahren eine Firma in Russland.*
Russian *adj* They import Russian vodka.	**russisch** *Sie importieren russischen Wodka.*
rust *n* There was rust on most of the metal parts. **rust-proof** **rust-resistant**	**Rost** *Es gab Rost auf den meisten Metallteilen.* **rostfrei** **nichtrostend**

S

sae **(stamped addressed envelope)** *n* Please send a stamped-addressed envelope.	**adressierter, frankierter Briefumschlag** *Bitte schicken Sie uns einen adressierten, frankierten Briefumschlag.*
safe *adj* It is not safe to walk on that roof.	**sicher** *Man ist nicht sicher, wenn man auf diesem Dach läuft.*
safely *adv* We got home safely although our train was two hours late.	**sicher** *Wir sind sicher nach Hause gekommen, obwohl unser Zug zwei Stunden Verspätung hatte.*
safety *n* They have introduced a number of new safety measures in the company which have cost a lot of money. **"Safety first"**	**Sicherheit** *Sie haben eine ganze Reihe an Sicherheitsmaßnahmen in der Firma eingeführt, die viel Geld gekostet haben.* **„Sicherheit geht vor"**
salaried staff *n* They have 54 salaried staff.	**Gehaltsempfänger** *Sie haben 54 Gehaltsempfänger.*
salary *n* They offered him a very good salary. **a top salary** **starting salary**	**Gehalt** *Sie haben ihm ein sehr gutes Gehalt angeboten.* **ein Topgehalt** **Anfangsgehalt**

sale *n* *We are currently negotiating the sale of our house.* **for sale**	**Verkauf** *Wir verhandeln gerade über den Verkauf unseres Hauses.* **zu verkaufen**
sales assistant *n* *I think you should speak to the sales assistant.* **sales territory**	**Verkäufer(in)** *Ich glaube, Sie sollten mit der Verkäuferin sprechen.* **Verkaufsgebiet**
sales conference *n* *There will be no sales conference this year.*	**Verkaufstagung** *Es gibt keine Verkaufstagung dieses Jahr.*
sales figures *n* *I printed out the sales figures yesterday and gave them to Geoff.*	**Verkaufszahlen** *Ich habe gestern die Verkaufszahlen ausgedruckt und habe sie Geoff gegeben.*
sales training *n* *We have sales training every September.*	**Verkaufstraining** *Wir führen jeden September Verkaufstraining durch.*
same *adj* *We received the same products.*	**selbe** *Wir haben dieselben Produkte erhalten.*
sample *n* *We sent you the samples last Monday.* **free samples**	**Muster** *Wir haben Ihnen letzten Montag die Muster geschickt.* **Freimuster**
sample *v* *"Have you tried our latest wine?"*	**probieren** *„Haben Sie unseren neuesten Wein probiert?"*
satisfaction *n* *The work was not done to our satisfaction.*	**Zufriedenheit** *Die Arbeit wurde nicht zu unserer Zufriedenheit durchgeführt.*
satisfactory *adj* *All the goods left our factory in a satisfactory condition.*	**zufriedenstellend** *Alle Waren verließen unsere Fabrik in einem zufriedenstellenden Zustand.*
Saudi Arabia *n* *He owned several hotels in Saudi Arabia.*	**Saudi-Arabien** *Er besaß mehrere Hotels in Saudi-Arabien.*
Saudi Arabian *adj* *We have many Saudi Arabian customers who come to Germany twice a year.*	**saudi-arabisch** *Wir haben viele saudi-arabische Kunden, die zweimal im Jahr nach Deutschland kommen.*

save *v* *We have to save money or we will have to dismiss staff.*	**sparen** *Wir müssen Geld sparen oder wir werden Personal abbauen müssen.*
savings *n* *Many people have invested their savings in shares.* **savings book**	**Ersparnisse** *Viele Menschen haben ihre Ersparnisse in Aktien angelegt.* **Sparbuch**
scarce *adj* *Raw materials are scarce in Germany.*	**knapp** *In Deutschland sind Rohstoffe knapp.*
scenery *n* *The scenery in South Germany is rather beautiful.*	**Landschaft** *Die Landschaft in Süddeutschland ist ziemlich schön.*
schedule *n* *I had to change your schedule.* **ahead of schedule** **behind schedule** **"What's on the schedule today?"**	**Programm, Zeitplan** *Ich musste Ihren Zeitplan ändern.* **mit dem Zeitplan voraus** **mit dem Zeitplan in Verzug** **„Was steht heute auf dem Programm?"**
scrap *v* *We will have to scrap the product.*	**abschaffen** *Wir müssen das Produkt abschaffen.*
season *n* *"What's your favourite season?"*	**Jahreszeit** *„Was ist Ihre Lieblingsjahreszeit?"*
seasonal *adj* *They have seasonal workers.*	**Saison-** *Sie beschäftigen Saisonarbeiter.*
seasonally adjusted *adv* *The seasonally adjusted unemployed figures come out today.*	**saisonbereinigt** *Die saisonbereinigten Arbeitslosenzahlen werden heute veröffentlicht.*
secretary *n* *I spoke to his secretary and made an appointment.*	**Sekretär/in** *Ich habe mit seiner Sekretärin gesprochen und einen Termin ausgemacht.*
security *n*	**Sicherheit**

"Security" has become a general word for the ever-growing industry concerned with maintaining security for buildings, offices, building sites, persons, airports, etc. Phrases like "security is good" "he works on security" come from this branch of service industry.

security staff	**Sicherheitspersonal**

seem *v* *The situation seems to be improving.*	scheinen *Die Situation scheint sich zu verbessern.*
segmentation *n* *There is a definite segmentation.* **market segmentation**	Segmentierung *Es gibt eine bestimmte Segmentierung.* **Marktsegmentierung**
seldom *adv* *I seldom eat fish.*	selten *Ich esse selten Fisch.*
self-employed *adj* *She has been self-employed for* *seven years.*	selbstständig *Sie ist seit sieben Jahren selbstständig.*
sell *v* *He sells his goods over the Internet.* **sell-by date**	verkaufen *Er vertreibt seine Waren im Internet.* **Verfallsdatum**
semi-skilled *adj* *It is only semi-skilled work.* **semi-skilled workers**	angelernt *Diese Arbeit verlangt nur wenig* *Ausbildung.* **angelernte Arbeiter**
sense of humour *n* *He has no sense of humour.*	Sinn für Humor *Er versteht keinen Spaß.*
serious *adj* *This is a very serious situation.*	ernst *Das ist eine sehr ernste Situation.*
seriously *adv* *He seriously expected us to bring* *the goods to him personally.* **to take sb/sth seriously**	ernst, ernsthaft *Er hat ernsthaft erwartet, dass wir ihm* *die Waren persönlich vorbeibringen.* **jdn/etwas ernst nehmen**
service charge *n* *There is a service charge of* *DM 30 for the translation.*	Bearbeitungsgebühr *Es gibt eine Bearbeitungsgebühr von* *DM 30 für die Übersetzung.*
service industry *n* *More and more jobs are being created* *in service industries.*	Dienstleistungssektor *Immer mehr Stellen werden im* *Dienstleistungssektor geschaffen.*
service station *n* *We'll stop at the next service station.* *Let's hope they sell flowers.*	Tankstelle *Wir halten an der nächsten Tankstelle* *an. Hoffentlich verkaufen sie Blumen.*
share *n* *We bought shares in BASF.* **market share**	Aktie *Wir haben BASF-Aktien gekauft.* **Marktanteil**

share *v* We had to share our offices with another company for many weeks.	teilen *Wir mussten unsere Büros wochenlang mit einer anderen Firma teilen.*
shift *n* We have three shifts in our company. **change of shift** **shift work** **shift worker**	Schicht *Wir haben drei Schichten in unserer Firma.* **Schichtwechsel** **Schichtarbeit** **Schichtarbeiter/in**
ship *n* We went by ship to Trieste.	Schiff *Wir sind mit dem Schiff nach Triest gefahren.*
ship *v* We shipped the goods last week.	verschiffen *Wir haben letzte Woche die Güter verschifft.*
shipping documents *n* We enclose the shipping documents.	Versanddokumente *Wir fügen die Versanddokumente bei.*
shoddy *adj* I am afraid we received shoddy goods from you.	minderwertig, schäbig, schlecht *Leider haben wir minderwertige Waren von Ihnen erhalten.*
shortage *n* There is a shortage of skilled workers in the IT industry.	Knappheit, Mangel *Es gibt einen Mangel an Fachkräften in der IT Industrie.*
show *v* I want to show you our refinery.	zeigen *Ich möchte Ihnen unsere Raffinerie zeigen.*
sick *adj* He was sick for a week. **off sick** **sick pay**	krank *Er war eine Woche krank.* **krank geschrieben** **Krankengeld**
side effects *n* There were many negative side effects.	Nebenwirkungen *Es gab viele negative Nebenwirkungen.*
sign *v* We signed the contract on the same evening. **to sign on**	unterschreiben, unterzeichnen *Wir haben den Vertrag am selben Abend unterzeichnet.* **sich arbeitslos melden**
signature *n* "Could I have your signature, please?"	Unterschrift *„Könnte ich Ihre Unterschrift haben?"*

similar *adj* We have similar problems.	ähnlich Wir haben ähnliche Probleme.
simple *adj* They have a very simple solution.	einfach Sie haben eine sehr einfache Lösung.
simply *adv* It is quite simply a question of principle.	einfach Es geht einfach um das Prinzip.
single *adj* As far as I know, he is single. He might be divorced. **single room**	Einzel-; ledig Soviel ich weiß, ist er ledig. Er könnte geschieden sein. **Einzelzimmer**
single market *n* After the introduction of the Euro, the single market in Europe will be complete.	der gemeinsame Markt Nach Einführung des Euros wird der gemeinsame Markt in Europa abge- schlossen sein.
situation *n* The situation is getting difficult. **A "no-win" situation** **a tricky situation**	Situation Die Situation wird schwierig. **eine unmögliche Situation** **eine schwierige Situation**
size *n* We have the bags in three sizes. **small/medium/large size**	Größe Wir haben die Taschen in drei Größen. **klein/mittel/groß**
sizeable *adj* We sold it for a sizeable sum.	beträchtlich Wir verkauften es für eine beträchtliche Summe.
skilled *adj* We are still looking for skilled workers. **skilled labour**	ausgebildet, Fach- Wir suchen noch Facharbeiter. **Facharbeiter/in**
slight *adj* There has been a slight improvement.	geringfügig Es hat eine geringfügige Verbesserung gegeben.
slightly *adv* The situation has improved slightly.	geringfügig Die Situation hat sich geringfügig verbessert.
slogan *n* "Make love not war" was the slogan of the sixties. **advertising slogan**	Slogan „Liebe machen, nicht Kriege führen" war der Slogan der sechziger Jahre. **Werbeslogan**

Slovakia *n* *Slovakia separated from the Czech* *Republic some years ago.*	**Slowakei** *Die Slovakei trennte sich vor einigen* *Jahren von der Tschechischen Republik.*
Slovakian *adj* *I know little about Slovakian customs* *and traditions.*	**slowakisch** *Ich weiß wenig über slowakische Sitten* *und Traditionen.*
Slovenia *n* *Slovenia's economy is making good* *progress.*	**Slowenien** *Die Wirtschaft Sloweniens macht gute* *Fortschritte.*
Slovenian *adj* *Slovenian companies are looking for* *foreign investors.*	**slowenisch** *Slowenische Firmen suchen ausländische* *Investoren.*
slow *adj* *We complained about the slow delivery.*	**langsam** *Wir haben uns über die langsame* *Lieferung beschwert.*
slowly *adv* *I had to speak slowly at the* *hotel reception.*	**langsam** *Ich musste an der Hotelrezeption* *langsam sprechen.*
snail mail *n*	**Schneckenpost**

In the era of the Personal Computer, e-mails, SMS and faxes, normal post is comparatively slow and has therefore been given the name **"snail mail"**. So basically any correspondence sent by normal post is now given this name.

social *adj* *The government is tackling social problems.* **social consciousness** **social life** **social security system** **social services**	**sozial** *Die Regierung packt soziale Probleme an.* **das soziale Bewusstsein** **Privatleben** **das Sozialnetz** **das Sozialamt, soziale Einrichtungen**
sociable *adj* *He's a sociable type.*	**gesellig** *Er ist ein geselliger Typ.*
society *n* *He is not interested in society's* *problems.* **consumer society** **modern industrial society** **the affluent society**	**Gesellschaft** *Er interessiert sich nicht für die Probleme* *der Gesellschaft.* **Konsumgesellschaft** **moderne Industriegesellschaft** **Wohlstandsgesellschaft**

soft drinks *n* *Soft drinks were free.*	alkoholfreie Getränke *Alkoholfreie Getränke waren gratis.*
software *n* *We urgently need new software.* **compatible software** **software package** **software solutions**	Software *Wir brauchen dringend neue Software.* **kompatible Software** **Softwarepaket** **Softwarelösungen**
solicitor *n* *I have spoken to a solicitor about the subject.*	Rechtsanwalt *Ich habe mit einem Anwalt über das Thema gesprochen.*
solve *v* *We will never solve the problem if we can't find a compromise.*	lösen *Wir werden das Problem nie lösen, wenn wir keinen Kompromiss finden können.*
solution *n* *"What's the solution to the problem?"*	Lösung *„Was ist die Lösung des Problems?"*
sometime *adv* *"Come and have a beer sometime!"*	(irgendwann) mal *„Komm mal auf ein Bier vorbei!"*
sometimes *adv* *I sometimes have to do without lunch.*	manchmal *Manchmal muss ich auf das Mittagessen verzichten.*
soon *adv* *Our new brochures will be ready soon.*	bald *Unsere neuen Broschüren werden bald fertig sein.*
sophisticated *adj* *We have some very sophisticated equipment.*	modern, auf dem neuesten Stand *Wir haben sehr moderne Ausrüstung.*
Spain *n* *Tourism is Spain's main industry.*	Spanien *Tourismus ist Spaniens Hauptindustrie.*
Spanish *adj* *Spanish workers have to pay lots of taxes.*	spanisch *Spanische Arbeitnehmer müssen viele Steuern zahlen.*
spare-time *n* *"What do you do in your spare-time?"* **spare-time activities**	Freizeit *„Was machst du in deiner Freizeit?"* **Freizeitaktivitäten**
special offer *n* *This is a real special offer.*	Sonderangebot *Das ist ein echtes Sonderangebot.*

specialise *v* They specialise in package tours.	sich spezialisieren Sie spezialisieren sich auf Pauschalreisen.
specialised *adj* He is specialised in software development.	spezialisiert Er ist auf Softwareentwicklung spezialisiert.
specialist *n* They are the specialists in web page design. **specialist knowledege**	Fachmann/-frau, Spezialist/in Sie sind Spezialisten im Gestalten von Webseiten. **Fachkenntnisse**
speciality *n* "I would recommend you try the speciality of the region."	Spezialität „Ich würde Ihnen empfehlen, die Spezialität der Region auszuprobieren."
specific *adj* "Were you thinking of something specific?"	spezifisch, besondere „Denken Sie da an etwas Besonderes?"
specifically *adv* Specifically, we need 500 spare parts for the 390 model.	ausdrücklich, genau Wir brauchen genau 500 Ersatzteile für das 390er Modell.
specification *n* We have looked at the specification and we will begin the work next week. **technical specification**	Aufstellung, Beschreibung Wir haben uns die Beschreibung angeschaut und wir werden nächste Woche mit der Arbeit beginnen. **technische Beschreibung**
speculation *n* There is a lot of speculation that the company is moving abroad. **pure speculation**	Spekulation Es gibt Spekulationen, dass die Firma ins Ausland zieht. **reine Spekulation**
speech *n* His speech was short and to the point.	Rede, Vortrag Seine Rede war kurz und präzise.
spell *v* "Can you spell your name, please?" **spell-check**	buchstabieren „Können Sie Ihren Namen bitte buchstabieren?" **Rechtschreibprüfung (Computer)**
spend *v* They spent 38 million DM on the new production hall.	ausgeben Sie gaben 38 DM für die neue Produktionshalle aus.
spicy *adj* "Be careful, the chicken is very spicy!"	scharf, würzig „Sei vorsichtig, das Hühnerfleisch ist sehr scharf!"

spin-off *n*
The Mountjoy contract is a useful spin-off of our contact with Preston Engineering.

Nebenprodukt
Der Auftrag bei Mountjoy ist ein interessantes Nebenprodukt unserer Kontakte bei Preston Engineering.

stable *adj*
The situation on the stock exchange is stable after last week's turbulences.

stabil
Die Situation an der Börse ist nach den Turbulenzen in der letzten Woche wieder stabil.

stability *n*
We have achieved some stability after a few difficult years. The next phase is crucial.

Stabilität
Nach einigen schwierigen Jahren haben wir etwas Stabilität gefunden. Die nächste Phase ist entscheidend.

staff *n*
We have well-motivated staff.
staff training
staff cantine

Personal
Wir haben gut motiviertes Personal.
Personalschulung
Betriebskantine

standard of living *n*
They compared the standard of living in different countries.
a high standard of living

Lebensstandard
Sie haben den Lebensstandard in verschiedenen Ländern verglichen.
ein hoher Lebensstandard

start *n*
This was the start of a great era for our company.

Anfang
Das war der Anfang einer großen Zeit für unsere Firma.

start *v*
We started the work in Febraury 2000.

anfangen
Wir haben die Arbeit im Februar 2000 angefangen.

statement *n*

They made a statement about the state of the company.
press statement

Behauptung, Darstellung, Darlegung
Sie haben eine Darstellung der Lage der Firma gemacht.
Presseerklärung

station *n*
We have to get off at the next station.

Bahnhof, Station
Wir müssen bei der nächsten Station aussteigen.

statistics *n*
The statistics are not convincing.

Statistik
Die Statistik ist nicht überzeugend.

stay *n*
"Have you anjoyed your stay in Munich?"

Aufenthalt
„Hat Ihnen der Aufenthalt in München gefallen?"

stay *v* *We stayed in Rome for five days.*	**bleiben** *Wir sind fünf Tage in Rom geblieben.*
steady *adj* *There has been a steady improvement in our sales this year.*	**stetig** *Es gab dieses Jahr eine stetige Verbesserung bei unseren Umsätzen.*
steadily *adv* *The situation has improved steadily.*	**stetig** *Die Situation hat sich stetig verbessert.*
step *n* *Opening a new business in Thailand was a very important step for us.* **step by step**	**Schritt** *Ein neues Geschäft in Thailand zu eröffnen, war ein sehr wichtiger Schritt für uns.* **Schritt für Schritt**
stock *n* *Wir have a large stock of new video recorders.* **to be in stock** **to be out of stock**	**Bestand, Vorrat** *Wir haben einen großen Vorrat an neuen Videorekordern.* **vorrätig sein** **nicht vorrätig sein**
stock exchange *n* *He works on the Frankfurt Stock Exchange.*	**Börse** *Er arbeitet an der Frankfurter Börse.*
stop *v* *He stopped talking and brought out some documents.*	**anhalten, aufhören** *Er hat aufgehört zu sprechen und einige Unterlagen herausgeholt.*
stopover *n* *We had a short stopover in Paris.*	**Zwischenlandung, Zwischenstation** *Wir hatten eine kurze Zwischenlandung in Paris.*
strange *adj* *It was certainly strange behaviour.*	**eigenartig, komisch** *Es war sicherlich ein komisches Benehmen.*
strategic *adj* *It was a strategic mistake.* **strategic planning**	**strategisch** *Es war ein strategischer Fehler.* **strategische Planung**
strategy *n* *It was altogether the wrong strategy.* **to follow a strategy**	**Strategie** *Es war überhaupt die falsche Strategie.* **eine Strategie verfolgen**
streamline *v* *They are streamlining at the moment in an effort to cut costs.*	**rationalisieren** *Sie rationalisieren zurzeit, um Kosten zu sparen.*

stereotype *n* *At first he seemed to be the stereotype Englishman. But it wasn't true.*	Stereotyp *Am Anfang schien er das Stereotyp eines Engländers zu sein. Aber es stimmte nicht.*
stress *v* *I must stress that we are still negotiating.*	betonen *Ich muss betonen, dass wir noch verhandeln.*
strike *n* *The strike has now lasted three weeks.* **to go on strike**	Streik *Der Streik dauert jetzt schon drei Wochen.* **in Streik treten**
strike *v* *Bus drivers are striking tomorrow.*	streiken *Busfahrer streiken morgen.*
strong *adj* *We now have a strong economy.*	stark *Wir haben jetzt eine starke Wirtschaft.*
studies *n*	Studium

Studies in Britain are normally shorter than in Germany, lasting between 3 and 4 years. After this period the students are graduates and have a B.A. or B.S. degree. During their studies they are undergraduates. Students normally begin their degree after taking 3 or 4 "A" levels when they are 18. "A" levels are the rough equivalent of the German „Abitur".

student hall of residence	**Studentenwohnheim**
study *v* *I studied in Manchester.*	studieren *Ich habe in Manchester studiert.*
subject *n* *History was my favourite subject at school. I found the subject very interesting.*	Fach; Thema *Geschichte war mein Lieblingsfach in der Schule. Ich fand das Thema sehr interessant.*
subsidiary *n* *He works in the subsidiary in Karlsruhe.*	Zweigstelle *Er arbeitet in der Zweigstelle in Karlsruhe.*
subsidy *n* *We received EU subsidies.* **to apply for a subsidy**	Subvention *Wir haben EU Subventionen erhalten.* **eine Subvention beantragen**
succeed *v* *He succeeded in persuading him.*	Erfolg haben, gelingen *Ihm gelang es, ihn zu überreden.*

success *n* *We had no success in this market.* **with no success**	Erfolg *Wir hatten keinen Erfolg auf diesem Markt.* **ohne Erfolg**
successful *adj* *It is now a successful business.*	erfolgreich *Es ist jetzt ein erfolgreiches Geschäft.*
successfully *adv* *They successfully started a new business.*	erfolgreich, mit Erfolg *Sie haben ein neues Geschäft erfolgreich eröffnet.*
suddenly *adj* *Suddenly I had a brilliant business idea.*	plötzlich *Plötzlich hatte ich eine brilliante Geschäftsidee.*
suitable *adj* *We were able to find suitable accommodation.*	geeignet, passend *Wir konnten eine geeignete Unterkunft finden.*
suit *v* *That suits me.*	passen *Das passt mir.*
summarize *v* *He summarized his talk very well.*	zusammenfassen *Er hat seinen Vortrag sehr gut zusammengefasst.*
summary *n* *His summary was in written form.*	Zusammenfassung *Seine Zusammenfassung war in schriftlicher Form.*
supplier *n* *We have very reliable suppliers. They always deliver on time.*	Lieferant *Wir haben sehr zuverlässige Lieferanten. Sie liefern immer pünktlich.*
support *v* *They supported us throughout the crisis of 1973.*	unterstützen *Sie haben uns während der ganzen Krise von 1973 unterstützt.*
support *n* *He promised me his full support.*	Unterstützung *Er hat mir seine volle Unterstützung versprochen.*
suppose *v* *I suppose he is very busy.*	annehmen, vermuten *Ich nehme an, er ist sehr beschäftigt.*
surcharge *n* *You have to pay a surcharge if you travel by ICE.*	Zuschlag *Sie müssen einen Zuschlag bezahlen, wenn Sie mit dem ICE fahren.*

sure *adj*
"Are you sure that this is the right price?"

sicher
"Sind Sie sicher, dass das der richtige Preis ist?"

---

surf *v*
He is surfing at the moment.
to surf the Internet

surfen
Er surft im Moment.
im Internet surfen

---

survey *n*
The latest surveys show that support for the government is falling.
according to surveys
to publish the results of a survey

Umfrage, Untersuchung
Umfragen belegen, dass die Unterstüt-zung für die Regierung zurückgeht.
laut Umfragen
die Ergebnisse einer Umfrage veröffentlichen

---

survive *v*
They survived last year's crisis.

überleben
Sie haben die Krise des letzten Jahres überlebt.

Sweden *n*
"I spent my holidays last year in Sweden."

Schweden
"Letztes Jahr habe ich meinen Urlaub in Schweden verbracht."

Swedish *adj*
Swedish cars are well-known for their reliability.

schwedisch
Schwedische Autos sind für ihre Zuverlässigkeit bekannt.

---

sweet *adj*
"Would you prefer sweet or dry wine?"

süß
"Was hätten Sie lieber, süßen oder trockenen Wein?"

Swiss *adj*
They are a Swiss company with its headquarters in Bern.

Schweizer ..., schweizerisch
Es ist eine Schweizer Firma mit Sitz in Bern.

---

switchboard *n*
I spoke to a lady at the switchboard.

Telefonzentrale
Ich sprach mit einer Dame an der Zentrale.

Switzerland *n*
Switzerland has very strict immigration regulations.

Schweiz
Die Schweiz hat sehr strenge Ein-wanderungsgesetze.

---

system *n*
We have a very efficient system for dealing with complaints.
systems analyst
systems engineering
system software

System
Wir haben ein sehr effizientes System, um Reklamationen zu bearbeiten.
Systemanalytiker/in
Anlagenbau
Systemsoftware

systematic *adj*
He works in a systematic way.
a systematic approach

systematisch
Er abeitet mit System.
ein systematischer Ansatz

sytematically *adv*
He systematically changed the structure of the company.

systematisch
Er hat die Struktur der Firma systematisch geändert.

T

table *n*
As you can see from the enclosed table, results have been surprisingly good this year.
He sat down at the table.
table of contents

Tabelle; Tisch
Wie Sie der beigefügten Tabelle ersehen können, sind die Ergebnisse dieses Jahr erstaunlich gut gewesen.
Er setzte sich an den Tisch.
Inhaltsverzeichnis

tackle *v*
We have to tackle these problems before it's too late.

anpacken
Wir müssen diese Probleme anpacken, bevor es zu spät ist.

take *v*

nehmen

We use **"take"** in English when something goes away from the speaker, e.g. "I can take you to the station". In German we would use the word „bringen".
We use the word "bring" when something comes to the speaker, e.g. "Can you bring me that file, please?".

take off *v*
My plane takes off at 7, so I need to be at the aiport at 6.

starten (Flugzeuge)
Meine Maschine startet um 7, deswegen muss ich um 6 am Flughafen sein.

take on *v*
They are taking on engineers at the technology centre.

einstellen (Personal)
Sie stellen Ingenieure am Technologie-Zentrum ein.

take-home pay *n*
Since the latest tax reform my take-home pay is considerably more.

Nettoeinkommen
Seit der neuesten Steuerreform ist mein Nettoeinkommen deutlich höher.

target *n*
Our target for this year is a turnover of DM 16 million.
to reach a target

Ziel
Dieses Jahr sind DM 16 Million unser Ziel.
ein Ziel erreichen

target group *n* *Our target group is pensioners.* **target market**	Zielgruppe *Die Rentner sind unsere Zielgruppe.* **Zielmarkt**
task *n* *His next task is a difficult one.*	Aufgabe *Seine nächste Aufgabe ist schwierig.*
taste *n* *It has the taste of lemon.*	Geschmack *Es hat den Geschmack von Zitrone.*
taste *v* *"Would you like to taste my soup?"*	kosten, probieren *„Möchtest du meine Suppe kosten?"*
tax *n* *Taxes are rising every year.* **after tax** **before tax** **income tax** **tax-exempt** **tax-free** **Value Added Tax (V.A.T.)**	Steuer *Die Steuern steigen jedes Jahr.* **netto** **brutto** **Einkommensteuer** **steuerbefreit** **steuerfrei** **Mehrwertsteuer**
taxable *adj* *Every penny you earn is taxable.*	steuerpflichtig *Jeder verdiente Pfennig ist steuerpflichtig.*
tax declaration *n* *"My tax declaration is due next week."*	Steuererklärung *„Meine Steuererklärung ist nächste Woche fällig."*
taxi *n* *He took a taxi from the station.* **taxi driver**	Taxi *Er nahm ein Taxi vom Bahnhof.* **Taxifahrer**
tax incentive *n* *There are many tax incentives when you invest in that region.*	Steueranreiz *Wenn man in dieser Region investiert, gibt es viele Steueranreize.*
technical *adj* *There were a lot of technical problems. Fortunately they are now solved.* **technical terminology**	technisch *Es gab eine ganze Menge technischer Probleme. Zum Glück sind sie jetzt gelöst.* **Fachsprache**
technician *n* *Mr Jarvis is the technician in our school.* **laboratory technician**	Techniker/in *Herr Jarvis ist der Techniker in unserer Schule.* **Lobortechniker/in**

technology *n*
Modern technology is changing every-thing.
the age of technology

Technik, Technologie
Die moderne Technik ändert alles.

das Technische Zeitalter

telephone *n*
We bought a new telephone.
telephone box
telephone call
telephone directory

Telefon
Wir haben ein neues Telefon gekauft.
Telefonzelle
Telefongespräch
Telefonbuch

telephone *v*
I telephoned him yesterday.
"Did you telephone yesterday?"

anrufen
Ich habe ihn gestern angerufen.
„Hast du gestern angerufen?"

temporary *adj*
Our secretary is only temporary. Mrs Jones comes back from holiday next Monday.

vorläufig, vorübergehend
Unsere Sekretärin ist nur vorübergehend hier. Frau Jones kehrt nächsten Montag aus dem Urlaub zurück.

terms *n*
Your terms are very good and we would like to place an order with you.

Bedingungen, Konditionen
Ihre Konditionen sind sehr gut und wir möchten Ihnen einen Auftrag erteilen.

terrible *adj*
This was a terrible mistake. We must find out who is responsible.

schrecklich
Das war ein schrecklicher Fehler. Wir müssen die Verantwortlichen finden.

test *n*
The results of the test are now out and they are very interesting.
market test
to carry out tests
test phase

Test
Die Testergebnisse sind jetzt da und sie sind sehr interessant.
Markttest
Tests durchführen
Testphase

Thai *adj*
I have booked a table at a Thai restaurant.

thailändisch
Ich habe einen Tisch in einem thailändischen Restaurant bestellt.

Thailand *n*
"Have you ever been to Thailand?"
"Yes, I was there two years ago."

Thailand
„Waren Sie schon einmal in Thailand?"
„Ja, ich war vor zwei Jahren dort."

thank sb *v*

We would like to thank you for your hard work and trouble.
Thanks/thank you!
Thank you very much/thanks a lot!

sich bei jdm bedanken, jdm danken
Wir möchten Ihnen für Ihre harte Arbeit und Mühe danken.
Danke!
Herzlichen Dank!

theory *n* I have a theory that they have given up. **in theory**	Theorie, These Ich habe die Theorie, dass sie aufge- geben haben. **in der Theorie**
think *v* I think it's a great idea. "I'm thinking of my holidays."	denken, glauben Ich glaube, es ist eine großartige Idee. „Ich denke an meinen Urlaub."
this afternoon *adv* I will meet you this afternoon at the station.	heute Nachmittag Ich hole Sie heute Nachmittag vom Bahnhof ab.
this evening *adv* Will this evening be suitable?	heute Abend Passt es Ihnen heute Abend?
this morning *adv* I saw him this morning in the post room.	heute Morgen Ich habe ihn heute Morgen im Postraum gesehen.
thorough *adj* We carried out a thorough examination.	gründlich Wir haben eine gründliche Prüfung durchgeführt.
thousand *n* We had seven thousand people working for us.	tausend Wir hatten siebentausend Mitarbeiter.
through *prep* We had to walk through the garden to get to the hotel reception. **a through flight/train**	durch Wir mussten durch den Garten laufen, um zur Hotelrezeption zu gelangen. **ein Direktflug/durchfahrender Zug**
time *n* "What time is it, please?" **time card**	Uhrzeit, Zeit „Wie spät ist es bitte?" **Stechkarte**
time consuming *adj* The preparations for the conference are very time consuming.	zeitraubend Die Vorbereitungen für die Konferenz sind sehr zeitraubend.
time saving *adj* The new system is very time saving.	zeitsparend Das neue System ist sehr zeitsparend.
timetable *n* I will have to consult the timetable before I buy my ticket. I have a very busy timetable next week.	Fahrplan; Programm, Zeitplan Ich muss mir den Fahrplan anschauen, bevor ich meine Fahrkarte kaufe. Ich habe nächste Woche ein volles Programm.

time-zone *n* *We travelled from one time zone to the other.*	Zeitzone *Wir sind von einer Zeitzone in eine andere gereist.*
tiny *adj* *We only had a tiny breakfast so we are very hungry.*	winzig *Wir hatten nur ein winziges Frühstück und haben deswegen großen Hunger.*
tip *n* *He gave me an excellent tip which I will never forget.* *I gave him a small tip.*	Tipp; Trinkgeld *Er hat mir einen ausgezeichneten Tipp gegeben, den ich nie vergessen werde.* *Ich habe ihm ein kleines Trinkgeld gegeben.*
tired *adj* *He was very tired after the long trip.*	müde *Nach der langen Reise war er sehr müde.*
tiring *adj* *It was a very tiring journey.*	anstrengend, ermüdend *Es war eine sehr ermüdende Reise.*
tolerance *n* *We showed great tolerance towards the smokers in the room.*	Toleranz *Wir zeigten gegenüber den Rauchern im Raum große Toleranz.*
tolerant *adj* *"Try and be more tolerant!"*	tolerant *„Versuch toleranter zu sein!"*
tomorrow *adv* *I will deal with it tomorrow.* **See you tomorrow!** **tomorrow evening** **tomorrow morning**	morgen *Ich werde es morgen erledigen.* **Bis morgen!** **morgen Abend** **morgen früh**
toothache *n* *I have had toothache since yesterday.*	Zahnschmerzen *Ich habe seit gestern Zahnschmerzen.*
topic *n* *That's an interesting topic.*	Thema *Das ist ein interessantes Thema.*
topical *adj*	aktuell

"Aktuell" is a false friend because it does not mean "actual" in English. "Actual" in English means "eigentlich" in German.

a topical subject   **ein aktuelles Thema**

total *adj* *The total price was DM 3,500.*	gesamt, total *Der Gesamtpreis betrug 3.500 DM.*
totally *adv* *I was totally shocked when I heard the news.*	total, völlig, vollkommen *Ich war völlig schockiert, als ich die Nachricht hörte.*
trade *n* *China has big trade relations with Japan.* **balance of trade** **trade discount**	Handel *China unterhält umfangreiche Handelsbeziehungen mit Japan.* **Handelsbilanz** **Handelsrabatt**
trade fair *n* *We went to the trade fair and got some interesting information.*	Handelsmesse *Wir sind zur Handelsmesse gefahren und haben einige interessante Informationen bekommen.*
traffic *n* *The traffic was terrible just before London.*	(Auto)verkehr *Der Verkehr war schrecklich kurz vor London.*
train *n* *The train was full.* **to go by train** **to change trains**	Zug *Der Zug war voll.* **mit dem Zug fahren** **umsteigen**
training *n* *I finished my training two years ago and I have been a teacher in the field of further education since then.* **vocational training**	Ausbildung *Vor zwei Jahren habe ich meine Ausbildung abgeschlossen und bin seitdem Dozent im Weiterbildungssektor.* **Berufsausbildung**
tram *n* *He used to go to work by tram. Then he bought a car.*	Straßenbahn *Er ist früher immer mit der Straßenbahn zur Arbeit gekommen. Dann kaufte er sich ein Auto.*
transfer *n* *I made the transfer yesterday.*	Überweisung *Ich habe die Überweisung gestern veranlasst.*
transit *n* *The goods were lost in transit.*	Transit; Transport *Die Waren gingen beim Transport verloren.*
translate *v* *We translated the documents into English.*	übersetzen *Wir haben die Dokumente ins Englische übersetzt.*

translation *n*
We received the translation yesterday per fax and can now begin the contract negotiations.
translation agency/bureau

Übersetzung
Wir haben die Übersetzung gestern per Fax erhalten und können jetzt die Vertragsverhandlungen beginnen.
Übersetzungsagentur/-büro

transport *n*
We can organize the transport of the goods.
public transport
transport costs
transport by rail

Transport
Wir können den Transport der Güter organisieren.
öffentliche Verkehrsmittel
Transportkosten
Bahnbeförderung

travel *v*
We travel abroad every year, normally by car. This year, however, we are travelling by plane to North Africa.

travel agency
travel expenses
travel sick

reisen
Wir reisen jedes Jahr ins Ausland, normalerweise mit dem Auto. Dieses Jahr reisen wir jedoch mit dem Flugzeug nach Nordafrika.
Reisebüro
Reisekosten
reisekrank

treat *v*
We were treated very well on our last visit to Stuttgart.

behandeln
Wir wurden bei unserem letzten Besuch in Stuttgart sehr freundlich behandelt.

treatment *n*
The treatment was first class.
medical treatment

Behandlung
Die Behandlung war sehr gut.
medizinische Behandlung

trend *n*
These are the latest trends.
We know they are only trends but we still have to take them into account when we draw up our marketing plan next year.

Trend
Das sind die neuesten Trends.
Wir wissen, dass es nur Trends sind, aber wir müssen sie trotzdem berücksichtigen, wenn wir nächstes Jahr unseren Marketingplan erstellen.

trial *n*
We carried out a dozen trials to test the materials.
trial offer

Versuch; (Gerichts)prozess
Wir haben ein Dutzend Versuche durchgeführt, um die Materialien zu testen.
Einführungsangebot

trip *n*
"Did you have a good trip?"
business trip

Fahrt, Reise
„Haben Sie eine gute Reise gehabt?"
Geschäftsreise

trolley *n*
I couldn't find a trolley anywhere at the airport.

Einkaufswagen, Gepäckwagen
Ich konnte nirgendwo einen Gepäckwagen am Flughafen finden.

trouble *n*
We have had a lot of trouble with this new model.
It's no trouble (at all)!
to take the trouble

Ärger, Schwierigkeiten
Wir haben viele Schwierigkeiten mit diesem neuen Modell gehabt.
Das mache ich doch gern!
sich Mühe geben

trousers *n*
I have to buy some new trousers.

Hose
Ich muss eine neue Hose kaufen.

truck *n*

Lastwagen

"Truck" is the American word for "lorry" in British English. When dealing with American customers, it is useful to know these differences and to try and use the American English equivalents. American English words can normally be found in dictionaries next to the sign "AE" or "US". Most British English words are, however, normally understood by Americans.

truck driver

Lastwagenfahrer

true *adj*
This is a true story.
That's true.

wahr
Das ist eine wahre Geschichte.
Das stimmt.

truth *n*
We must find out the truth about our competitors' new product.

Wahrheit
Wir müssen die Wahrheit über das neue Produkt unserer Konkurrenz herausfinden.

trust *n*
We have no trust in this company.

Vertrauen
Wir haben kein Vertrauen in dieses Unternehmen.

trust *v*
"I don't trust him; it's as simple as that."
to build up trust

trauen, vertrauen
„Ich traue ihm nicht; so einfach ist das."
Vertrauen aufbauen

try *v*
He tried very hard, but he could not convince me.

sich Mühe geben, probieren, versuchen
Er hat sich wirklich Mühe gegeben, aber er konnte mich nicht überzeugen.

try out *v*
"Have you tried out the new software?"
"Yes, and I think we have made the right decision in buying it."

ausprobieren
„Hast du die neue Software ausprobiert?"„Ja, und ich glaube, es war die richtige Kaufentscheidung."

Turkey *n*
Turkey is my favourite travel destination.

Türkei
Die Türkei ist mein Lieblingsreiseland.

Turkish *adj*
"Do you like Turkish food?"
"Not really."

türkisch
„Essen Sie gern türkisch?"
„Eigentlich nicht."

turn off *v*
He forgot to turn the computer off.

ausschalten
Er hat vergessen, den Computer
auszuschalten.

turn on *v*
He turns on the computer as soon as he
arrives at the office.

einschalten
Sobald er ins Büro kommt, schaltet er den
Computer ein.

turnover *n*
We had the best turnover three years
ago.
increase turnover
reduce turnover

Umsatz
Vor drei Jahren hatten wir die besten
Umsätze.
Umsätze steigern
Umsätze senken

twin *n*
"I have twins."
a twin room
a twin town

Zwilling
„Ich habe Zwillinge."
ein Doppelzimmer
eine Partnerstadt

type *n*
"What sort of car do you have?"
"I have a Japanese car."

Art, Sorte, Typ
„Was für einen Wagen haben Sie?"
„Ich habe einen japanischen Wagen."

type *v*
She typed the letter very quickly.
For that reason perhaps there were
many spelling mistakes.
typewritten
typewriter
typing error

tippen
Sie hat den Brief sehr schnell getippt.
Aus dem Grund waren vielleicht viele
Rechtschreibfehler darin.
maschinengeschrieben, getippt
Schreibmaschine
Tippfehler

typical *adj*
That's typical of him.

typisch
Das ist typisch für ihn.

typically *adv*
Typically, he has decided to complain.

bezeichnenderweise, typisch
Bezeichnenderweise hat er sich
entschieden, sich zu beschweren.

typewriter *n*
The typewriter has been replaced by the
PC and laptops.

Schreibmaschine
Die Schreibmaschine ist vom PC und
Laptop ersetzt worden.

tyre *n*
The tyres were damaged.
car tyres

Reifen
Die Reifen wiesen Schäden auf.
Autoreifen

ultimatum *n*
We received an ultimatum from the company.
a final ultimatum
to respond to an ultimatum

Ultimatum
Wir haben ein Ultimatum von der Firma bekommen.
ein letztes Ultimatum
auf ein Ultimatum reagieren

---

umbrella organisation *n*
An umbrella organisation bought up his company.

Dachorganisation
Eine Dachorganisation hat seine Firma aufgekauft.

---

unacceptable *adj*
The offer was totally unacceptable.

unakzeptabel, unannehmbar
Das Angebot war total unakzeptabel.

---

unaltered *adj*
The contract was unaltered.

unverändert
Der Vertrag war unverändert.

---

unannounced *adj*
He arrived unannounced at the party.
Nobody talked to him.

unangemeldet
Er kam unangemeldet zur Party.
Keiner hat sich mit ihm unterhalten.

---

unanimous *adj*
It was a unanimous decision.

einstimmig
Es war eine einstimmige Entscheidung.

---

unanimously *adv*
We decided unanimously to enter this difficult market. Unfortunately, it was a wrong decision.

einstimmig
Wir haben uns einstimmig dafür entschieden, in diesen schwierigen Markt einzusteigen. Leider war es eine falsche Entscheidung.

---

unbelievable *adj*
It was an unbelievable development.
unbelievable news

unglaublich
Es war eine unglaubliche Entwicklung.
eine unglaubliche Nachricht

---

unconfirmed *adj*
This news is still unconfirmed.

unbestätigt
Diese Nachricht ist noch unbestätigt.

---

uncomfortable *adj*
The bed in the hotel was rather uncomfortable.

unbequem
Das Hotelbett war ziemlich unbequem.

---

unconvinced *adj*
He remained unconvinced.
Her arguments leave me unconvinced.

nicht überzeugt
Er war immer noch nicht überzeugt.
Ihre Argumente überzeugen mich nicht.

underground *n*
The London underground is very dirty, especially compared to the underground in Stuttgart.
underground station
to go by underground

U-Bahn
Die Londoner U-Bahn ist sehr dreckig, besonders im Vergleich zur Stuttgarter U-Bahn.
U-Bahnstation
mit der U-Bahn fahren

understand *v*
I understand your reservations. But I still think it's the best solution.

verstehen
Ich verstehe Ihre Bedenken. Ich glaube aber immer noch, das es die beste Lösung ist.

understanding *n*
We have the understanding that we don't try and steal each others customers.

on the understanding that ...

Abmachung, Vereinbarung
Wir haben die Abmachung, dass wir nicht versuchen werden, uns gegenseitig Kunden abzuwerben.
unter der Voraussetzung, dass ...

understandable *adj*
It is understandable that they are worried about rising prices.

begreiflich, verständlich
Es ist verständlich, dass sie sich über steigende Preise Gedanken machen.

understandably *adv*

Understandably, they wanted time to think about it.

begreiflicherweise, verständlicherweise
Verständlicherweise baten sie um etwas Bedenkzeit.

unemployed *adj*
He has been unemployed since March.

arbeitslos
Er ist seit März arbeitslos.

unemployment *n*
Unemployment has been rising since the beginning of the year.
high unemployment
rising unemployment
unemployment benefit/money
unemployment figures

Arbeitslosigkeit
Die Arbeitslosigkeit steigt seit Anfang des Jahres.
hohe Arbeitslosigkeit
steigende Arbeitslosigkeit
Arbeitslosengeld
Arbeitslosenzahlen

unexpected *adj*
This was an unexpected decision for all of us.

unerwartet
Dies war eine unerwartete Entscheidung für uns alle.

unfair *adj*
It was unfair to criticise him like that.

ungerecht
Es war ungerecht, ihn so zu kritisieren.

unfortunately *adv*
I hoped to speak to the boss but unfortunately he was on a business trip.

leider, unglücklicherweise
Ich hoffte, mit dem Chef sprechen zu können. Leider war er auf einer Geschäftsreise.

unfriendly *adj* *She was very unfriendly to me on the phone.*	unfreundlich *Am Telefon war sie sehr unfreundlich zu mir.*
unique *adj* *Germany's vocational training system is unique in Europe.* **unique opportunity**	einmalig *Deutschlands Berufsausbildungssystem ist einmalig in Europa.* **einmalige Gelegenheit**
unlimited *adj* *Our financial resources are not unlimited.*	unbegrenzt *Unsere Finanzmittel sind nicht unbegrenzt.*
unimportant *adj* *The news was unimportant.*	unwichtig *Die Nachricht war unwichtig.*
unpaid *adj* *The bill remained unpaid for six months and we had to take legal action.*	unbezahlt *Die Rechnung blieb ein halbes Jahr unbezahlt und wir mussten gerichtliche Schritte einleiten.*
unprofitable *adj* *This was always an unprofitable part of our business.*	unrentabel, nicht gewinnbringend *Dies war immer ein unrentabler Teil unseres Geschäftes.*
unrealistic *adj* *"I think you were being very unrealistic."*	unrealistisch *„Ich glaube, du warst sehr unrealistisch."*
unreasonable *adj* *"Come on, stop being so unreasonable!"*	uneinsichtig, unvernünftig *„Komm, hör auf, so uneinsichtig zu sein!"*
unreliable *adj* *They are not normally unreliable. So I don't understand this problem.*	unzuverlässig *Sie sind normalerweise nicht so unzuverlässig. Deswegen verstehe ich dieses Problem nicht.*
unsettled account *n* *We are writing to you about our unsettled account of 30 March.*	offene Rechnung *Wir schreiben Ihnen wegen unserer offenen Rechnung vom 30. März.*
unskilled *adj* *The firm employs unskilled labour.* **semi-skilled**	ungelernt *Die Firma beschäftigt ungelernte Arbeiter.* **angelernt**
unsuitable *adj* *These products are unsuitable for the teenager market.*	ungeeignet, unpassend *Diese Produkte sind für den Teenagermarkt ungeeignet.*

unqualified *adj* *He is unqualified for the job.*	unqualifiziert, nicht qualifiziert *Er ist für den Job unqualifiziert.*
unusual *adj* *Their way of doing business is unusual.*	ungewöhnlich *Ihre Art Geschäfte zu machen, ist* *ungewöhnlich.*
update *v*	aktualisieren

The word **"update"** can be used as a verb and a noun and as a relatively new word is used a lot in the media, for example "a news update".

updated *adj* *Please send me the updated version.*	aktualisiert *Schicken Sie mir bitte die aktualisierte* *Version.*
upgrade *v* *They have upgraded all their old* *products.* **to upgrade a computer**	verbessern *Sie haben alle ihre alten Produkte* *verbessert.* **einen Computer aufrüsten**
up-market *adj* *His customers are now very up-market.*	anspruchsvoll *Seine Kunden sind sehr anspruchsvoll.*
up-to-date *adj* *They have up-to-date hardware.* **to bring up-to-date** **up-to-date information**	auf dem neuesten Stand, modern *Sie haben moderne Hardware.* **auf den neuesten Stand bringen** **aktuelle Informationen**
urgency *n* *This is a matter of great urgency.*	Dringlichkeit *Das ist eine Sache von großer* *Dringlichkeit.*
urgent *adj* *This is an urgent warning.* **an urgent message**	dringend *Das ist eine dringende Warnung.* **dringende Nachricht**
urgently *adv* *We urgently request you to contact us* *as soon as possible.*	dringend *Wir bitten Sie dringend, sich bei uns* *sobald wie möglich zu melden.*
use *v* *I use public transport in the town.*	benutzen *In der Stadt benutze ich öffentliche* *Verkehrsmittel.*

used car *n* *I would never buy a used car again.*	Gebrauchtwagen *Ich würde nie wieder einen Gebraucht- wagen kaufen.*
useful *adj* *We made some useful contacts at the trade fair last month.*	nützlich *Wir haben letzten Monat einige nützli- che Kontakte auf der Handelsmesse geknüpft.*
useless *adj* *The computer system you have now is more or less useless.*	nutzlos, unbrauchbar *Das Computersystem, das Sie jetzt haben, ist mehr oder weniger unbrauchbar.*
user-friendly *adj* *It is a very user-friendly DVD player.*	benutzerfreundlich *Es ist ein benutzerfreundlicher DVD- Player.*
user-friendliness *n* *The system is not known for its user-friendliness.*	Benutzerfreundlichkeit *Das System ist nicht unbedingt für seine Benutzerfreundlichkeit bekannt.*
usual *adj* *It is not usual to start a conversation in that way.*	gewöhnlich, normal, üblich *Es ist nicht üblich, ein Gespräch auf diese Art und Weise zu beginnen.*
usually *adv* *We usually eat out on Fridays.*	für gewöhnlich, normaler- weise, üblicherweise *Normalerweise gehen wir freitags essen.*

V

vacancies *n* *They have vacancies in the supermarket.* **job vacancies**	freie Stellen; freie Zimmer *Sie haben freie Stellen im Supermarkt.* **offene Stellen**
vacant *adj* *The seat next to her was vacant.*	frei, offen, unbesetzt, vakant *Der Platz neben ihr war frei.*
vague *adj* *I only have a vague idea what is going on at the company.* **a vague reply**	vage *Ich habe nur eine vage Idee, was bei der Firma los ist.* **eine vage Antwort**
vaguely *adv* *I vaguely remember her name.* *She used to work in the purchasing department.*	dunkel, vage *Ich erinnere mich dunkel an ihren Namen. Sie arbeitete früher in der Einkaufsabteilung.*

valid *adj* My passport is valid for 10 years. **a valid argument**	gültig *Mein Reisepass ist 10 Jahre gültig.* **ein treffendes Argument**
valuable *adj* I managed to get some valuable information.	wertvoll *Mir ist es gelungen, einige wertvolle Informationen zu bekommen.*
value *n* He didn't know the value of the building. **to gain in value** **to lose in value**	Wert *Er kannte den Wert des Gebäudes nicht.* **an Wert gewinnen** **an Wert verlieren**
valued *adj* The house is valued at DM 278,000. **a valued colleague**	geschätzt, hoch geschätzt *Das Haus wird um DM 278.000 geschätzt.* **als Kollege hoch geschätzt**
variable *adj* "How high are your variable costs?"	variabel, veränderlich *„Wie hoch sind Ihre variablen Kosten?"*
varied *adj* "They have a varied selection of cheeses." **varied opinions**	unterschiedlich, vielfältig *„Sie haben eine vielfältige Auswahl an Käse."* **verschiedene Meinungen**
vary *v* Prices vary from shop to shop. **it varies**	sich unterscheiden *Die Preise unterscheiden sich von Ge- schäft zu Geschäft.* **es ist unterschiedlich**
van *n* I have hired a van for the move.	Lieferwagen, Transporter *Ich habe einen Transporter für den Umzug gemietet.*
veal *n* "The veal is supposed to be very good here."	Kalbfleisch *„Das Kalbfleisch soll hier sehr gut sein."*
vegetables *n* "Some more vegetables?" **vegetable soup**	Gemüse *„Noch mehr Gemüse?"* **Gemüsesuppe**
vegetarian *adj* It is a vegetarian dish. **vegetarian food**	vegetarisch *Es ist ein vegetarisches Gericht.* **vegetarisches Essen**
vegetarian *n* "How long have you been a vegetarian?"	Vegetarier *„Seit wann sind Sie Vegetarier?"*

venture capital *n*	**Wagniskapital**
There is still a lack of venture capital on the market.	*Es fehlt noch an Wagniskapital auf dem Markt.*
version *n*	**Darstellung, Version; Modell**
"What was his version of events?"	*„Wie war seine Darstellung der Ereignisse?"*
the latest version	**das neueste Modell**
via *prep*	**via, über**
We flew to Liverpool via Amsterdam.	*Wir sind nach Liverpool über Amsterdam geflogen.*
viable *adj*	**durchführbar, realisierbar; rentabel**
The idea just isn't viable.	*Die Idee ist ganz einfach nicht durchführbar.*
We will have to discuss changes which will have to be made.	*Wir werden die Änderungen besprechen, die durchgeführt werden müssen.*
a viable business	**ein rentables Geschäft**
view *n*	**Ansicht, Meinung; Ausblick, Aussicht**
That is not the view of the Chairman.	*Das ist nicht die Meinung des Vorsitzenden.*
There is a wonderful view from the hotel window.	*Man hat eine wunderbare Aussicht aus dem Hotelfenster.*
to share somebody's view	**die Ansicht von jdm teilen**
virtual display unit (VDU) *n*	**Computerbildschirm (VDU)**
He is working at the virtual display unit.	*Er arbeitet am Bildschirm.*
virtually *adv*	**beinahe, praktisch**
It was virtually impossible to reach him.	*Es war beinahe unmöglich, ihn zu erreichen.*
virtual reality *n*	**virtuelle Realität**

"**Virtual reality**" is one of many words used in the world of computers which are not normally translated into German. Students need not use a German translation, but should make sure they know the correct pronunciation of the word.

visa *n*	**Visum**
I need a visa for my trip to Cuba.	*Ich brauche ein Visum für meine Reise nach Kuba.*
entrance/exit visa	**Einreise-/Ausreisevisum**

visit *n* The visit was very enjoyable.	Besuch *Der Besuch war sehr angenehm.*
visitor *n* The visitors are staying until Friday. **visitor's badge**	Besucher/in *Die Besucher bleiben bis Freitag.* **Besucherschild**
visit *v* We visited the production plant and also had a guided tour.	besuchen *Wir besuchten die Produktionsanlage* *und hatten auch eine Führung.*
vital *adj* It is vital that the new product is ready by Christmas. **of vital importance**	(lebens)wichtig *Es ist wichtig, dass das Produkt bis* *Weihnachten fertig ist.* **von größter Wichtigkeit**
void *adj* The contract is now void. **null and void**	nichtig *Der Vertrag ist jetzt nichtig.* **null und nichtig**
voluntary *adj* Attending the foreign language course is voluntary. **on a voluntary basis**	freiwillig *Die Teilnahme an dem Fremdsprachen-* *kurs ist freiwillig.* **auf freiwilliger Basis**
voluntarily *adv* I did it voluntarily. The others were forced to do it by their companies.	freiwillig *Ich habe es freiwillig gemacht. Die an-* *deren wurden von ihren Firmen dazu* *gezwungen, es zu tun.*
vote *n* All members of the board have one vote.	Stimme *Alle Vorstandsmitglieder haben eine* *Stimme.*
vote *v* They voted unanimously for Jane.	Stimme abgeben, wählen *Sie haben einstimmig für Jane gestimmt.*
voucher *n* We received vouchers to the value of DM 80. **gift voucher**	Gutschein *Wir haben Gutscheine im Wert von DM* *80 erhalten.* **Geschenkgutschein**

W

wages *n* They used to get their wages on Thursdays.	Lohn *Früher bekamen sie donnertstags ihren* *Lohn.*

wait *v* *I waited half an hour for him but he* *didn't come.* **wait and see**	warten *Ich habe eine halbe Stunde auf ihn* *gewartet, aber er ist nicht gekommen.* **abwarten**
walk *v* *We walked to the reception and met* *Mr Sykes.* **to go for a walk**	gehen, laufen *Wir sind zur Rezeption gelaufen und* *haben Herrn Sykes dort getroffen.* **einen Spaziergang machen**
waiter *n* *The waiters here are very attentive.*	Ober, Kellner *Die Kellner hier sind sehr aufmerksam.*
waitress *n* *"I'll ask the waitress for the bill."*	Kellnerin *„Ich frage die Bedienung nach der* *Rechnung."*
wall *n* *We have built a new wall around the* *canteen.*	Mauer, Wand *Wir haben eine neue Mauer um die* *Kantine gebaut.*
wallet *n* *I keep my credit cards in my wallet.*	Portemonnaie *Ich bewahre meine Kreditkarten in* *meinem Portemonnaie auf.*
warranty *n* *There is a six month guarantee on the* *radio.*	Garantie *Es gibt sechs Monate Garantie auf das* *Radio.*
warm *adj* *Warm weather is forecast.*	warm *Man sagt warmes Wetter voraus.*
warn *v* *We warned him not to do business* *with them.*	warnen *Wir haben ihn davor gewarnt, Geschäfte* *mit ihnen zu machen.*
warning *n* *We gave him one last warning.* **a profit warning**	Warnung *Wir haben ihm eine letzte Warnung* *gegeben.* **Gewinnwarnung**
warehouse *n* *The warehouse is in the suburbs.*	Lager(haus) *Das Lagerhaus befindet sich in einem* *Vorort.*
wastage *n* *We are constantly trying to reduce* *wastage in our production plant.*	Materialverlust *Wir versuchen ständig, Materialverluste* *in unserer Produktionsstätte zu redu-* *zieren.*

waste *n*	Abfall; Verschwendung
The waste was deposited in a hall behind the factory.	*Der Abfall wurde in einer Halle hinter der Fabrik gelagert.*
It was a terrible waste.	*Es war eine furchtbare Verschwendung.*
a waste of time	**Zeitverschwendung**
waste disposal	**Abfallentsorgung**

waste *v*	verschwenden
We wasted money on the advertising campaign.	*Wir haben Geld bei der Werbeaktion verschwendet.*

watch *v*	beobachten, schauen
We watched the developments on the market and made our decision.	*Wir haben die Entwicklungen auf dem Markt beobachtet und haben unsere Entscheidung getroffen.*

way *n*	Art, Weise; Hinsicht; Richtung; Weg
It is the way he spoke to me.	*Es ist die Art und Weise, wie er mit mir gesprochen hat.*
In a way he is right.	*In gewisser Hinsicht hat er Recht.*
Which way are you going?	*In welche Richtung fährst du?*
That is the right way for us.	*Das ist der richtige Weg für uns.*
by the way	**übrigens**

weak *adj*	schwach
The market is very weak at the moment.	*Der Markt ist sehr schwach zurzeit.*
a weak currency	**eine schwache Währung**

wealthy *adj*	wohlhabend
When you consider everything, Germany is the wealthiest country in the world.	*Wenn man alles berücksichtigt, ist Deutschland das wohlhabendste Land der Welt.*

wear *adj*	tragen
"What do you normally wear in the office?"	*„Was trägst du normalerweise im Büro?"*
wear and tear	**Abnutzung, Verschleiß**

website *n*	Website
This is my favourite website – it is informative, attractive and user-friendly.	*Das ist meine Lieblingswebsite – sie ist informativ, attraktiv und benutzerfreundlich.*

week *n*	Woche
We can meet next week.	*Wir können uns nächste Woche treffen.*

weekday *n*	Wochentag
We only have time on weekdays.	*Wir haben nur wochentags Zeit.*

weekend *n* *"Have a nice weekend!"*	Wochenende *„Schönes Wochenende!"*
weekly *adv* *We have to submit a weekly report.*	wöchentlich *Wir müssen einen Wochenbericht einreichen.*
welcome *n* *"Welcome to Hanover!"*	Willkommen *„Willkommen in Hannover!"*
well deserved *adj* *He took a well deserved holiday.*	wohlverdient *Er nahm einen wohlverdienten Urlaub.*
well-known *adj* *It is a well-known firm near Cologne.*	bekannt *Es ist eine bekannte Firma in der Nähe von Köln.*
whole *adj* *They have taken control of the whole market. We will have to be careful.*	ganz *Sie haben den ganzen Markt übernommen. Wir müssen aufpassen.*
white collar worker *n* *They are mostly white collar workers.*	Büroangestellte *Die meisten sind Büroangstellte.*
wholesale *n* *He works in the wholesale trade.* **a wholesale trader** **to buy wholesale**	Großhandel *Er arbeitet im Großhandel.* **ein Großhändler** **im Großhandel einkaufen**
wholesaler *n* *I will have to speak to our wholesaler.*	Großhändler *Ich muss mit unserem Großhändler sprechen.*
will *n* *The political will is required to carry out the necessary changes.*	Wille *Der politische Wille muss da sein, um die notwendigen Änderungen durchzuführen.*
willing *adj* *They seem willing to accept our compromise.*	gewillt, willig *Sie scheinen gewillt zu sein, unseren Kompromiss zu akzeptieren.*
win *v* *You will never win customers that way.*	gewinnen *So werden Sie nie Kunden gewinnen.*
wish *n* *They are an important customer, so we have to fulfill their wishes.* **special wishes**	Wunsch *Sie sind ein wichtiger Kunde, daher müssen wir ihre Wünsche erfüllen.* **Sonderwünsche**

within *prep* *We must receive the transfer within the next five weeks.*	**innerhalb** *Wir müssen die Überweisung innerhalb der nächsten fünf Wochen erhalten.*
without *prep* *We cannot continue without the spare parts.*	**ohne** *Wir können ohne die Ersatzteile nicht weitermachen.*
word *n* *I couldn't read the words on your fax.* **to give one's word**	**Wort** *Ich konnte die Wörter auf dem Fax nicht lesen.* **sein Wort geben**
word processing *n* *This is the best word processing system.*	**Textverarbeitung** *Das ist das beste Textverarbeitungs- system.*
work *n* *I have a lot of work to do next week.* **workload** **work place**	**Arbeit** *Ich muss nächste Woche viel Arbeit erledigen.* **Arbeitsbelastung** **Arbeitsplatz**
workaholic *n*	**Arbeitstier**

"**Workaholic**" is a typical word which has been invented to describe our modern world where work plays a bigger and bigger role. People talk of "work stress", "burn out", "powerfrau" etc. These are all words which are not normally translated into German and describe the hectic, stressful working world of the 21st century.

worker *n* *The workers have been here since Monday.*	**Arbeiter** *Die Arbeiter sind seit Montag da.*
working conditions *n* *They were excellent working conditions.*	**Arbeitsbedingungen** *Es waren ausgezeichnete Arbeits- bedingungen.*
working day *n* *She has a very long working day.*	**Arbeitstag** *Sie hat einen sehr langen Arbeitstag.*
working hours *n* *Working hours are from 8 till 4.* **inconvenient working hours**	**Arbeitszeit** *Die Arbeitszeit ist von 8 bis 4.* **ungünstige Arbeitsstunden**
world-wide *adj* *They are known world-wide.*	**weltweit** *Sie sind weltweit bekannt.*

worry *v* *He worries about the future of the company.*	sich Sorgen machen *Er macht sich über die Zukunft der Firma Sorgen.*
worried *adj* *She is very worried.*	besorgt *Sie ist sehr besorgt.*
worrying *adj* *The trend is very worrying.*	beängstigend *Der Trend ist sehr beängstigend.*
worst-case scenario *n* *That would be the worst-case scenario.*	der schlimmste Fall *Das wäre der schlimmste Fall.*
write *v* *I wrote the letter last month. I still haven't received a reply.* **in writing**	schreiben *Ich habe den Brief letzten Monat geschrieben. Ich habe immer noch keine Antwort.* **schriftlich**
write away (for sth) *v* *He wrote away for further information and received brochures a week later.*	etwas anfordern *Er forderte weitere Informationen an und bekam eine Woche später Broschüren.*
write down *v* *I wrote down her name and address.*	auf-/niederschreiben *Ich habe Ihren Namen und Adresse aufgeschrieben.*
write-off *n* *After the accident his car was a write-off.*	Totalschaden *Nach dem Unfall hatte sein Auto ein Totalschaden.*
wrong *adj* *That was wrong information, unfortunately we only found out later.*	falsch *Das war eine falsche Information; leider haben wir es erst später erfahren.*
WWW *n* *"You must have a WWW address!"* *"No, I'm afraid I have misplaced it."*	World Wide Web *„Du musst eine WWW-Adresse haben!"* *„Nein, leider habe ich sie verlegt!"*

X/Y/Z

X-ray *n* *He hasn't seen the X-ray yet.* **to take an X-ray of sth**	Röntgen(bild) *Er hat das Röntgenbild noch nicht gesehen.* **etwas röntgen**

yardstick *n* *Their company remains our measuring stick.*	Maßstab *Ihre Firma bleibt unser Maßstab.*
year *n* *It was a very good year for us.* **the calendar year** **the tax year**	Jahr *Es war ein sehr gutes Jahr für uns.* **das Kalenderjahr** **das Finanzjahr**
yearly *adv* *The interest is calculated yearly.* **yearly instalments**	jährlich *Die Zinsen werden jährlich berechnet.* **jährliche Zahlungen**
yellow pages *n* *I looked it up in the yellow pages.*	Gelbe Seiten *Ich habe es in den Gelben Seiten nachgeschlagen.*
yellow press *n* *His name was to be found every week in the yellow press.*	Boulevardpresse *Man konnte seinen Namen jede Woche in der Boulevardpresse lesen.*
yesterday *adv* *I saw him only yesterday.* **yesterday afternoon** **yesterday evening** **yesterday morning**	gestern *Ich habe ihn erst gestern gesehen.* **gestern Nachmittag** **gestern Abend** **gestern Morgen**
youth *n* *The main problem of youth is the drugs scene.* **youth unemployment**	Jugend *Das Hauptproblem der Jugend ist die Drogenszene.* **Jugendarbeitslosigkeit**
yuppie *n* *Since he got his new job he has been behaving like a real yuppie.*	Yuppie *Seit er seine neue Stelle hat, benimmt er sich wie ein richtiger Yuppie.*
Yugoslavia *n* *We are hoping to build up trade relationships with several towns in Yugoslavia in the next few months.*	Jugoslawien *Wir hoffen, in den nächsten Monaten Handelsbeziehungen mit Städten in Yugoslawien aufzubauen.*
Yugoslav *n* *The owner of the restaurant was a Jugoslav who was married to a German.*	Jugoslawe/Jugoslawin *Der Besitzer des Restaurants war ein Jugoslawe, der mit einer Deutschen verheiratet war.*
zero *n* *Inflation has almost reached zero in the last few months.*	Nullpunkt *Die Inflationsrate hat in den letzten Monaten fast den Nullpunkt erreicht.*

A

Ablehnung: *refusal*
Abmachung: *agreement*
abnehmen: *decrease, sink*
abschaffen: *abolish*
Abschiedsgeschenk: *going away present*
abschließen: *conclude*
Abschwung: *slump*
absolut: *absolutely*
Abteilungsleiter: *head of department*
abwarten: *wait and see*
Adressbuch: *address book*
Adresse, Anschrift: *address*
adressierter, frankierter Briefumschlag: *SAE*
Aktentasche, Aktenmappe: *brief-case*
Aktie: *share*
aktualisieren: *update*
aktuell, derzeitig: *current*
akzeptieren, annehmen: *accept*
Alternative: *alternative*
alternative Energiequellen: *alternative sources of energy*
altmodisch: *old-fashioned*
ändern: *change*
Änderung: *change*
Anerkennung: *recognition*
Anfrage: *enquiry*
Angebot: *choice; offer*
angelernt: *semi-skilled*
angestrebter Standard: *benchmark*
anhalten: *continue; stop*
Ankunft: *arrival*
Anlage: *attachment; investment; plant*
Anmeldeformular: *registration form*
annehmen: *accept; presume*
anpacken: *tackle*
Anreiz: *incentive*
Anrufbeantworter: *(telephone) answering machine*
anrufen: *phone, ring, telephone*
ansässig: *located*
Ansatz: *approach*
Ansicht: *opinion, view*

anstrengend: *tiring*
Antwort: *answer, reply*
antworten: *answer, reply*
Anzahl: *amount, number*
Anzeige: *advertisement*
Arbeit: *job, work*
Arbeiter: *worker*
sich arbeitslos melden: *sign on*
Arbeitsamt: *job centre*
Arbeitsbedingungen: *working conditions*
Arbeitsbelastung: *work load*
Arbeitsbeschaffungsmaßnahme: *job creation scheme*
Arbeitsklima: *working atmosphere*
arbeitslos: *unemployed*
Arbeitslosengeld: *unemployment benefit/money*
Arbeitslosenzahlen: *unemployment figures*
Arbeitslosigkeit: *unemployment*
Arbeitstier: *workaholic*
Ärger: *trouble*
Art: *sort, type; way*
aufschreiben: *write down*
Aufenthalt: *stay*
Aufgabe: *job, task*
aufrechterhalten: *maintain*
Aufschwung: *boom*
Aufstellung: *specification*
Auftrag: *contract, order*
Ausbildung: *training*
Ausdruck: *print out*
ausdrucken: *print out*
ausdrücklich: *exactly*
ausführen: *carry out*
ausführlich: *detailed*
ausgeben: *spend*
ausgebildet: *trained*
Auskunft: *information*
(im/ins) Ausland: *abroad*
ausländisch: *foreign*
Ausmaß: *extent*
ausprobieren: *try out*
Ausrede: *excuse*
Ausrüstung: *equipment*
Außendienstmitarbeiter/in: *sales representative*

Aussicht: *view*
Ausstellung: *exhibition*
aussuchen: *choose*
Austausch: *exchange*
Auswirkung: *effect*
(ein) aktuelles Thema: *a topical subject*

B

Bahn: *rail, railway*
Bahnbeförderung: *rail transport*
Bahnfracht: *rail freight*
Bankdirektor: *bank manager*
Bankgebühren: *bank charges*
Bankleitzahl: *(bank) sorting code*
Banküberweisung: *bank transfer*
Bargeld: *cash*
Bargeldtransaktion(en): *cash transaction(s)*
beantworten: *answer*
beängstigend: *worrying*
Bearbeitungsgebühr: *service charge*
bedauern: *regret*
Bedenken: *reservations*
Bedingung: *condition*
Bedingungen festlegen: *lay down conditions*
beeindruckend: *impressive*
befördern: *encourage; promote*
Beförderung: *promotion*
behandeln: *treat*
behaupten: *claim*
Behörden: *authorities*
(zuständige) Behörden: *relevant authorities*
beifügen: *enclose*
Beitrag: *contribution*
beitragen: *contribute*
bekannt: *familiar, well-known*
beliebt: *popular*
Bemerkung: *comment, remark*
(eine) Bemerkung machen: *to make a comment*
benötigen: *require*
benutzerfreundlich: *user-friendly*
Beobachtung: *observation*
Berater: *consultant*
berechnen: *charge*

Bericht: *report*
Beruf: *job, profession*
beruflich: *professional*
Berufsausbildung: *professional training*
beschädigen: *damage*
beschäftigt: *busy*
sich beschäftigen mit: *deal with*
Beschwerde: *complaint*
sich beschweren: *complain*
eine Beschwerde einlegen: *lodge a complaint*
eine Beschwerde erhalten: *receive a complaint*
besetzt: *engaged, occupied*
Besetztzeichen: *the engaged tone*
besitzen: *own*
Besitzer: *owner*
besorgt: *worried*
Besprechung: *meeting*
eine Besprechung absagen: *cancel a meeting*
eine Besprechung verschieben: *postpone a meeting*
Bestand: *stock*
bestätigen: *acknowledge, confirm*
Bestätigung: *confirmation*
bestehen (auf): *insist on*
bestehen (aus): *consist of*
bestellen: *order*
Bestellung: *order*
eine Bestellung ändern: *change an order*
eine Bestellung erhalten: *receive an order*
eine Bestellung erteilen: *place an order*
eine Bestellung stornieren: *cancel an order*
Besuch: *visit*
Besucher/in: *visitor*
Besucherschild: *vistor's badge*
betonen: *emphasize, stress*
beträchtlich: *considerable*
Betrag: *amount*
Betriebskosten: *overheads*
Betriebsrente: *company pension*

beurteilen: *judge*
bevorzugen: *prefer*
Bewerbung: *application*
bezahlen: *pay*
sich beziehen (auf): *refer to*
billig: *cheap*
Billigwaren: *cheap goods*
bleiben: *remain, stay*
blühend: *booming*
Bonus: *bonus*
Börse: *stock exchange*
Boulevardpresse: *tabloid press*
Brief: *letter*
Briefkopf: *letter head*
Broschüre: *brochure*
(Verkaufs)broschüre: *sales brochure*
brutto: *gross*
Bruttoeinkommen: *gross income*
buchen: *book*
buchstabieren: *spell*
Buchungsgebühr: *booking fee*
bundesweit: *nationwide*
Büroangestellte: *white collar worker*
Büroarbeit: *paper work*
Bürokratie: *bureaucracy*
Bürozeiten: *office hours*
Bus-/Zugfahrplan: *bus/train timetable*

C

Chance: *chance*
Checkliste: *check list*
Computerbildschirm (VDU): *VDU*
Computerkenntnisse: *knowledge of computers*

D

Dachorganisation: *umbrella organisation*
Darstellung: *version*
Daten: *data*
Daten speichern: *store data*
Datenbank: *data base*
Datenschutz: *data protection*
Datum: *date*
defekt: *defect, out of order*
Durchbruch: *breakthrough*

detailliert: *detailed*
Dienstleistungssektor: *service sector*
Dienstreise: *business trip*
Direktflug: *direct flight*
Dokument: *document*
Doppelzimmer: *double room*
dringend: *urgent*
Druck: *pressure*
Druck auf jdn ausüben: *put pressure on sb*
Drucker: *printer*
Durchbruch: *breakthrough*
Durchschnitt: *average*
im Durchschnitt: *on average*
düster: *gloomy*

E

Eigenschaft: *feature*
eigentlich: *actual, real*
Eile: *hurry*
einchecken: *check in*
Eindruck: *impression*
Programm: *programme*
einfach: *simple*
einführen: *import; introduce*
Einführung: *introduction*
Einführungsangebot: *introductory offer*
eingeben: *enter, key in*
sich einigen: *to agree*
Einkommen: *income*
Einkommensquelle: *source of income*
Einkommensteuer: *income tax*
einmalig: *unique*
einmalige Gelegenheit: *unique opportunity*
Einreisevisum: *entry visa*
Einrichtungen: *facilities*
einschalten: *switch on*
einschließlich: *including*
per Einschreiben: *by registered post*
einstellen (Personal): *employ, take on*
Einstellung: *attitude*
einstimmig: *unanimous(ly)*
Einwand: *objection*
Einwände erheben: *raise objections*

Empfang: reception
empfehlen: recommend
endgültig: final
entscheidend: crucial
Entscheidung: decision
Entscheidung treffen: make a decision
sich entschuldigen: apologise
erfinden: invent
Erfindung: invention
Erfolg: success
Erfolg haben: be successful
erfolgreich: successful(ly)
erfüllen: fulfill
Ergebnis: result
erhalten: receive
erhältlich: available
(sich) erhöhen: increase
erklären: explain
sich erkundigen: get information, make enquiries
Erlaubnis: permission
erneuern: extend, renew
ernst: serious(ly)
ernsthafte Bedenken: serious reservations
erreichen: achieve, reach
Ersatz: replacement
ersetzen: replace
Ersparnisse: savings
Euro: Euro
Europa: Europe
europäisch: European
Expertenteam: team of experts
Export: exports
exportieren: export
Expresslieferung: express delivery

F

Fabrik: factory
Fachberatung: expert advice
Fachmann/-frau: expert
fehlerhafte Waren: faulty goods
Feierabend machen: knock off
Feiertag: public holiday
Festbetrag: fixed amount
festlegen: fix
Filialleiter: branch manager
Finanzberater:

financial consultant
finanziell: financial(ly)
finanzieren: finance
Finanzplan einhalten: keep/stick to a budget
Finanzplan erstellen: draw up/plan a budget
Finanzpolitik: financial policy
Firma: company, firm
Firmensitz: company headquarters
Firmenumsatz: company turnover
Firmenwagen: company car
Fixkosten: fixed costs
Flipchart: flipchart
Flug: flight
Flughafen: airport
Fluktuation: fluctuation
fluktuieren: fluctuate
Flussdiagramm: flow chart
Folge: consequence
förmlich: formal
Formular: form
Forschung: research
Forschung und Entwicklung: research and development
Fortschritt: progress
Fracht: freight
Frachtkosten: freight costs
fragwürdig: questionable
frei: free
freie Stellen: vacancies
Freimuster: free samples
freischaffend: free-lance
freischaffender Architekt: free-lance architect
freischaffender Journalist: free-lance journalist
freiwillig: voluntary
auf freiwilliger Basis: on a voluntary basis
(sich) freuen (auf): look forward to
Frist: deadline
Frist einhalten: keep a deadline
Frist versäumen: miss a deadline
führend: leading
Führungsstil: leadership style
Für und Wider: pros and cons

G

Garantie: *guarantee*
Gast: *guest*
einen Gast empfangen: *receive, welcome*
Gastfreundschaft: *hospitality*
Gastgeberland: *host country*
Gebühr: *fee*
hohe/niedrige Gebühren: *high/low fees*
geeignet: *appropriate, suitable*
gefährden: *endanger*
Gehalt: *salary*
Gehaltsempfänger: *salaried staff*
Gelbe Seiten: *yellow pages*
Geld: *money*
horrende Geldsummen: *horrendous sums of money*
Geldverschwendung: *waste of money*
Gelegenheit: *opportunity*
Gelegenheit nutzen: *use the opportunity*
einmalige Gelegenheit: *unique opportunity*
Gemeindeabgaben: *local rates*
gemeinsam: *in common; joint*
genehmigen: *allow, permit*
Genehmigung: *permission*
Genehmigung erteilen: *give permission*
Gepäck: *luggage*
gerichtliche Folgen: *legal consequences*
gerichtliche Schritte einleiten: *take legal action*
geringfügig: *minimal*
Gerüchte: *rumours*
gesamt: *complete, total*
Gesamtbetrag: *total amount*
ein rentables Geschäft: *a profitable business*
Geschäftsberater: *business advisor*
Geschäftsbeziehung: *business contact/relation*
Geschäftsplan: *business plan*
Geschäftsessen: *business dinner/lunch*
Geschäftsführer/in: *manager*
Geschäftsreise: *business trip*
Geschäftszeiten: *business hours*
Gespräch: *conversation*
ein Einstellungsgespräch: *job interview*
Gesellschaft: *company; society*
Gewinn: *profit*
gewinnbringend: *profitable*
gewinnträchtig: *profitable*
gewinnen: *win*
Gewinnspanne: *profit margin*
Gewinnwarnung: *profit warning*
Gleitzeit: *flexi-time*
Grafik: *diagram*
Grenze: *limit*
untere Grenze: *lower limit*
obere Grenze: *upper limit*
grob: *rough*
grobe Schätzung: *rough estimate*
Größe: *size*
Großhandel: *wholesale trade*
im Großhandel einkaufen: *buy in bulk*
Großhändler: *wholesaler*
großzügig: *generous*
großzügige Rabatte: *generous discounts*
Grundlagen: *basics*
gültig: *valid*
günstig: *cheap; favourable*
Güter: *goods*
Gutschein: *voucher*

H

Hafen: *port*
ex Hafen: *ex port*
Halbzeitstelle: *part-time job*
halten: *hold*
Händler: *dealer*
Handel: *trade*
Handelsbilanz: *trade balance*
Handelsmesse: *trade fair*
Handelsrabatt: *trade discount*
zu Händen von: *attn*
Handgepäck: *hand luggage*
Handy: *mobile (phone)*
Hauptkonkurrent: *main competitor*
Hauptverkehrszeit: *rush hour*

herausbringen: *bring out/publish*
herstellen: *manufacture, produce*
Hersteller: *producer*
Herstellung: *production*
Hightech-/modernste Ausrüstung: *high-tech equipment*
hochvertraulich: *highly confidential*
Homebanking: *electronic banking*

I

industriell: *industrial*
Industriereformen: *industrial reforms*
Informationsblatt: *flyer*
informieren: *inform*
Infrastruktur: *infrastructure*
inländische Währung: *local currency*
innovativ: *innovative*
Inspektion: *inspection*
intern: *internal*
im Internet: *in/on the Internet*
im Internet surfen: *surf in/ on the Internet*
international: *international*
Interview: *interview*
interviewen: *interview*
investieren: *invest*
Investitionspolitik: *investment policy*

J/K

Jahr: *year*
Jahresbericht: *annual report*
Jahreseinkommen: *annual income*
jährlich: *annual, yearly*
Jetlag: *jetlag*
Jointventure: *joint venture*
Jugendarbeitslosigkeit: *youth unemployment*
Kampagne: *campaign*
Kapital: *capital*
Kauf: *purchase*
kaufen: *buy, purchase*
Kenntnisse: *knowledge*
Knappheit: *shortage*
kollaborieren: *collaborate*
Kollege: *colleague*

kommentieren: *comment*
Kommentar abgeben: *make a comment*
kompatible Software: *compatible software*
Konkurrent: *competitor*
Konsumgüter: *consumer goods*
Kontakt: *contact*
Kontakt aufnehmen: *contact*
Kontrolle: *control, check*
kontrollieren: *check*
Koordination: *co-ordination*
koordinieren: *co-ordinate*
körperliche Arbeit: *manual labour*
korrekt: *correct*
Kosten: *costs*
kostengünstig: *cheap, reasonable*
Kostenvoranschlag: *estimate*
Kraft: *power, strength*
Kraftwerk: *power station*
krank: *ill, sick*
krankgeschrieben: *off sick*
Krankengeld: *sick pay*
Kreditkarte: *credit card*
kritisch: *critical*
kritische Stimmen: *critical voices*
Kunde: *customer*
Kundendienst: *after-sales service*
kundenorientiert: *customer-orientated*
kurzfristig: *short-term*

L

Lager(haus): *warehouse*
langfristig: *long-term*
Lastwagen: *lorry, truck (US)*
Lebenslauf: *CV, Curriculum Vitae*
Lebensstandard: *standard of living*
Leistung: *performance*
letzte Frist: *last deadline*
Lieferant: *supplier*
Lieferwagen: *van*
Liste: *list*
Listenpreis: *list price*
Logo: *logo*
Lohn: *wage*
Lösung: *solution*
Luftfracht: *air freight*

Luxus: *luxury*
Luxusgüter: *luxury goods*

M
machbar: *feasible*
Machbarkeitsstudie:
  feasibility study
mächtig: *powerful*
mangelhafte Waren: *faulty goods*
Mappe: *file, folder*
Marketing: *marketing*
Markt: *market*
sich auf einem Markt behaupten:
establish yourself on the market
Marktanteil: *market share*
Marktsegmentierung: *market seg-
  mentation*
maschinengeschrieben: *typed*
Massenproduktion: *mass
  production*
Maßstab: *standard*
Material: *material*
Maximum: *maximum*
Media: *media*
Mehrheit: *majority*
Mehrwertsteuer: *Value Added Tax
  (VAT)*
meiner Meinung nach:
  in my opinion
Meinungsumfrage: *opinion poll*
sich melden: *get in touch*
Memo: *memo*
Menge: *quantity*
messen: *measure*
Miete: *rent*
mieten: *rent*
Minderheit: *minority*
Minimum: *minimum*
modern: *modern, up-to-date*
Möglichkeit: *possibility*
monatlich: *monthly*
Monatseinkommen: *monthly
  income*
Muster: *sample*

N
nach: *according to; after; to*
Nachricht: *news*
Nebenprodukt: *by-product*

netto: *net*
Nettoeinkommen: *net income*
Nettopreis: *net price*
Netzwerk: *network*
nichtig: *void*
nichtrostend: *rust resistant*
Niveau: *level, standard*
Notebook: *notebook, laptop*
null und nichtig: *null and void*
Nullpunkt: *zero*
nützlich: *useful*
nutzlos: *useless*

O
obligatorisch: *obligatory*
offene Rechnung: *unpaid bill*
offene Schulden: *debts*
öffentlich: *public*
öffentliche Verwaltung: *public
  administration*
online: *online*
Ordner: *file*
Ortszeit: *local time*

P
Partnerschaft: *partnership*
passend: *convenient, suitable*
passende Maßnahmen: *appropriate
  measures*
passende Unterkunft: *suitable
  accomodation*
Periode: *period*
Personal: *personnel, staff*
Personalleiter: *personnel
  manager*
Personalschulung: *staff training*
pessimistisch: *pessimistic*
Pfund: *pound*
Phase: *phase*
Pinnummer: *code number*
Plan: *plan*
Politik: *policy; politics*
Politiker: *politician*
Portemonnaie: *wallet*
Portion: *portion*
Postamt: *post office*
potentiell: *potential*
pragmatisch: *pragmatic*
praktisch: *practical*

präzise: *precise*
Preis: *price; prize*
Preise erhöhen: *increase/ raise prices*
Preise senken: *lower/ reduce prices*
preiswert: *cheap, reasonable*
Presseerklärung: *press statement*
Pressekonferenz: *press conference*
Pressemitteilung: *press release*
Priorität: *priority*
Priorität setzen: *give priority*
pro Jahr: *per annum*
Probezeit: *probationary period*
Produkt: *product*
Produkteinführung: *product launch*
Produktionsanlage: *production plant*
Produktionskosten: *production costs*
Prognose: *forecast, prognosis*
Programm: *programme, schedule*
progressiv: *progressive*
Projekt: *project*
Projektarbeit: *project work*
Projektmanager: *project manager*
Protokoll führen: *take (the) minutes*
Prozedur: *procedure*
Prozentsatz: *percentage*
Prozess: *process*
prüfen: *check, examine*
Prüfung: *check, examination*
Punkt: *point*
pünktlich: *punctual*
pünktlich bezahlen: *pay on time*

Q

qualifiziert: *qualified*
Qualität: *quality*
Qualitätsgüter: *quality goods*
Qualitätskontrolle: *quality control*
Qualitätsprodukt: *quality product*
Quote: *quota*

R

radikal: *radical*
rapide zurückgehen: *fall rapidly*

Rate: *rate*
rationalisieren: *rationalize*
Ratschlag: *(a piece of) advice*
Reaktion: *reaction*
realistisch: *realistic*
realistische Ziele: *realistic aims*
Rechnung: *bill, invoice*
Recht: *law*
rechtfertigen: *justify*
Rechtsanwalt: *solicitor*
Rechtsbeistand: *legal advice*
Rechtschreibprüfung (Computer): *spell check*
recyceln: *recycle*
Recyclinganlage: *recycling plant*
Rede: *speech*
reduzieren: *reduce*
Regel: *rule*
regelmäßig: *regular(ly)*
Reise: *journey, trip*
Reisebüro: *travel agency*
Reisekosten: *travel expenses*
Reisepass: *passport*
Reiseplan: *travel schedule*
renommiert: *renowned*
Rente: *pension*
Rentner: *pensioner*
repräsentativ: *representative*
reservieren: *reserve*
Reservierung: *reservation*
revidieren: *change, revise*
Risikokapital: *venture capital*
Rollenspiel: *role play*
Routine: *routine*
Rückerstattung: *refund*
Rückkoppelung: *feedback*
Rückmeldung: *feedback*
Rückzahlung: *repayment*
Ruf: *reputation*

S

Schaden: *damage*
Schadenersatz: *damages*
schätzen: *estimate*
Schätzung: *estimate*
Schicht: *shift*
Schichtarbeit: *shift work*
Schichtarbeiter: *shift worker*
Schichtwechsel: *change of shift*

schicken: *send*
Schlagzeile: *headline*
Schluss: *conclusion*
Schlüssel: *key*
Schlüsselrolle: *key role*
Schneckenpost: *snail mail*
schreiben: *write*
Schreibmaschine: *type writer*
schriftlich: *in written form*
schriftliche Beschwerde: *written complaint*
schriftliche Bewerbung: *written application*
Schritt: *step*
Schritt für Schritt: *step by step*
Schulden: *debts*
schulden: *owe*
Schulden machen: *run up debts*
Schuldschein: *acknowledgement note*
schwach: *weak*
Segmentierung: *segmentation*
Sekretär/in: *secretary*
selbstständig: *self-employed*
Senkung: *reduction*
sich selbstständig machen: *start your own business*
Sicherheit: *safety, security*
Sicherheitspersonal: *security personnel, staff*
Situation: *situation*
eine Situation ausnutzen: *exploit a situation*
Slogan: *slogan*
Software: *software*
Softwarelösungen: *software solutions*
Softwarepaket: *software package*
Sonderangebot: *spezial offer*
Sondererlaubnis: *special permission*
Sonderwünsche: *special wishes*
sozial: *social*
Sparbuch: *savings account*
sparen: *save*
Spekulation: *speculation*
Spesen: *expenses*
von den Spesen abrechnen: *put on expenses*

spezialisiert: *specialised*
spezifisch: *specific*
steigen: *increase, rise*
stabil: *stable*
Stabilität: *stability*
Stadtplan: *city map*
Standard: *standard*
angestrebter Standard: *benchmark*
Standort: *location*
stark: *strong*
Statistik: *statistics*
Stechkarte: *clock card, time card (US)*
Stelle: *job*
Stellenbeschreibung: *job description*
Stellenprofil: *job profile*
stellvertretende/r Vorsitzende: *vice-chairperson*
stetig: *constant, steady*
Steuer: *tax*
Steueranreiz: *tax incentive*
Steuerberater: *accountant, tax advisor*
Steuererklärung: *tax declaration*
steuerfrei: *tax-free*
steuerpflichtig: *taxable*
stornieren: *cancel*
Strategie: *strategy*
strategisch: *strategic*
strategische Planung: *strategic planning*
Streik: *strike*
Streikaktion: *strike action*
streiken: *strike*
Streit: *argument, dispute*
interner Streit: *internal dispute*
Studentenwohnheim: *student hall of residence*
studieren: *study*
Studium: *studies*
Stundensatz: *hourly rate*
Subvention: *subsidy*
surfen: *surf*
System: *system*
Systemanalytiker/in: *systems analyst*
systematisch: *systematic*
Systemsoftware: *system software*

T

Tabelle: *table*
Tagesordnung: *agenda*
täglich: *daily*
Tastatur: *keyboard*
Tatsache: *fact*
Taxi: *taxi*
Technik: *technique; technology*
veraltete Technik: *out-of-date technology*
Techniker/in: *technician*
technisch: *technical*
technische Beschreibung: *technical description*
Teilnahme: *participation*
Teilnahme bestätigen: *confirm participation*
teilnehmen: *participate*
Teilnehmer: *participant*
Teilzeit: *part-time*
Teilzeitpersonal: *part-time staff*
Telefon: *telephone*
Telefonzentrale: *switchboard*
Termin: *appointment*
Termin absagen: *cancel an appointment*
Termin vorverlegen: *bring forward an appointment*
Test: *test*
Testphase: *test phase*
Tests durchführen: *carry out tests*
teuer: *expensive*
Textverarbeitung: *text processing*
Thema: *subject, topic*
Theorie: *theory*
in der Theorie: *in theory*
Trennungsgeld: *severence pay*
Trinkgeld: *tip*
tippen: *tip*
Transit: *transit*
Transport: *transport*
Transportkosten: *transport costs*
Trend: *trend*

U

U-Bahn: *underground*
U-Bahnnetz: *underground system*
überbewerten: *overvalue*

übersetzen: *translate*
Übersetzung: *translation*
Übersetzungsagentur: *translation agency*
Überstunden: *overtime*
Überstundentarif: *overtime rate*
überzeugt: *convinced*
nicht überzeugt: *not convinced*
Überweisung: *transfer*
Ultimatum: *ultimatum*
Umfrage: *survey*
Umsatz: *turnover*
Umwelt: *environment*
umweltfreundlich: *environmentally-friendly*
umweltfreundliche Verpackung: *environmentally-friendly packaging*
unakzeptabel: *unnacceptable*
unangemeldet: *unnannounced*
unbegrenzt: *unlimited*
unbestätigt: *unconfirmed*
unbezahlt: *unpaid*
unerwartet: *unexpected*
unerwartete Kosten: *unexpected costs*
ungeeignet: *unsuitable*
ungelernt: *unskilled*
ungültig: *invalid*
ungünstig: *unfavourable*
unpassend: *inconvenient, unsuitable*
unqualifiziert: *unqualified*
unqualifiziertes Personal: *unqualified staff*
unrealistisch: *unrealistic*
unrealistische Ziele: *unrealistic aims*
unrentabel: *unprofitable*
unter Druck stehen: *be under pressure*
unterbrechen: *interrupt*
Unternehmenskultur: *corporate culture*
unterschreiben: *sign*
Unterschrift: *signature*
Untersuchung: *examination*
unterstützen: *support*
Unterstützung: *support*

unzuverlässig: *unreliable*
Urlaub: *holiday*
Urlaubsanspruch: *holiday entitlement*
Ursache: *cause*

V

vage: *vague*
variabel: *variable*
Veränderung: *change*
Veränderungen einführen: *introduce/make changes*
veraltete Technik: *out-of-date technology*
verantwortlich: *responsible*
verbessern: *improve*
Verbesserung: *improvement*
verbinden: *connect*
Verbindung: *connection*
Verbraucher: *consumer*
Verfallsdatum: *sell-by date*
verfügbar: *available*
Vergünstigungen: *benefits*
Verhältnis: *relation, relationship*
verhandeln: *negotiate*
Verhandlung: *negotiation*
Verhandlungen abbrechen: *break off negotiations*
Verhandlungen beginnen: *begin/start negotiations*
verhandlungsfähig: *negotiable*
Verkauf: *sales*
verkaufen: *sell*
Verkäufer/in: *sales assistant*
Verkaufsabteilung: *sales department*
Verkaufsaktion: *sales campaign*
Verkaufsbroschüre: *sales brochure*
Verkaufsgebiet: *sales territory*
Verkaufsrenner: *top-selling product*
Verkaufstagung: *sales conference*
Verkaufstraining: *sales training*
Verkaufszahlen: *sales figures*
Verlust: *loss*
vernachlässigen: *neglect*
vernünftig: *reasonable, sensible*
Verpackung: *packaging*
Versanddokumente: *transit documents*

verschieben: *postpone, put off*
verschiffen: *ship*
verschwenden: *waste*
Versicherungsgesellschaft: *insurance company*
Versicherungspolice: *insurance policy*
Versprechen: *promise*
ein Versprechen einhalten: *keep a promise*
versprechen: *promise*
verstehen: *understand*
Versuch: *attempt, try*
Vertrag: *contract*
einen Vertrag abschließen: *conclude a contract*
(Arbeits)vertrag: *labour contract*
vom Vertrag zurücktreten: *cancel a contract*
Vertrauen: *trust*
vertrauen: *trust*
Vertrauen aufbauen: *build up trust*
vertraulich: *confidential*
Vertreter/in: *representative*
Verwaltung: *administration*
vierteljährlich: *quarterly*
virtuelle Wirklichkeit: *virtual reality*
Visitenkarte: *business card*
Visitenkarten austauschen: *exchange business cards*
Visum: *visa*
ein Visum beantragen: *apply for a visa*
Vollzeit: *full-time*
Vollzeitstelle: *full-time job*
Voraussetzung: *(pre)condition*
vorbereiten: *prepare*
Vorbereitung: *preparation*
gründliche Vorbereitung: *thorough preparation*
vorhaben: *plan*
Vorschlag: *proposal, suggestion*
vorschlagen: *propose, suggest*
einen Vorschlag machen: *make a suggestion*
vorläufig: *temporary*
vorläufiger Ersatz: *temporary replacement*

vorrätig: *in stock*
Vorsitzende/r: *chairperson*
Vorstandsbesprechung: *board meeting*
vorstellen: *introduce*
Vorteil: *advantage*
Vorwahl: *code*

W

wachsen: *grow*
Wachstum: *growth*
Wachstumsraten: *growth rates*
Wachstumszahlen: *growth figures*
wählen: *choose; dial (telephone)*
Wagniskapital: *venture capital*
Währung: *currency*
Währungsschwankungen: *currency fluctuations*
Waren: *goods*
Warenlieferung: *delivery of goods*
Waren reklamieren: *complain about goods*
Waren zurückbringen: *return goods*
Wartung: *maintenance*
Wartungsarbeit: *maintenance work*
Webseite: *web page*
Wechselkurs: *exchange rate*
Weihnachtsgeld: *Christmas bonus*
weiterleiten: *forward*
weltweit: *world-wide*
Werbeagentur: *advertising agency*
Werbeaktion: *advertising campaign*
Werbung: *advertising*
Werbung machen: *advertise*
Werbeaktion: *advertising campaign*
Werbeslogan: *advertising slogan*
Wert: *value*
an Wert verlieren: *fall in value*
an Wert gewinnen: *gain in value*
wertvoll: *valuable*
sich auf das Wesentliche konzentrieren: *get back to basics*
Wirtschaftsaufschwung: *economic boom/upswing*
Wochentag: *weekday*

wöchentlich: *weekly*
wohlhabend: *prosperity*
WWW: *world wide web*

Y/Z

Yuppie: *yuppie*
z. H. : *attn*
Zahlen: *figures*
zeitraubend: *time consuming*
Zeitschrift: *magazine*
zeitsparend: *time-saving*
Zeitverschwendung: *waste of time*
Zeitzone: *time zone*
zerbrechlich: *fragile*
zerbrechliche Waren: *fragile goods*
Zeugnis: *reference*
Ziel: *aim, objective, target*
Zielgruppe: *target group*
Zielmarkt: *target market*
zu Händen von: *for the attention of*
zu verkaufen: *for sale*
Zufriedenheit: *satisfaction*
zu Ihrer Zufriedenheit: *to your satisfaction*
zufriedenstellend: *satisfactory*
Zugang: *access*
Zugeständnis: *compromise*
zukünftig: *future*
zurückerstatten: *refund*
zusammenfassen: *summarize*
Zusammenfassung: *summary*
Zusatzleistung: *benefits*
zusätzlich: *additional(ly), in addition*
Zusatzrente: *enhanced prension*
Zusatzzahlung: *additional payment*
Zuschlag: *surcharge*
Zuschuss: *subsidy, grant*
zuständig: *responsible*
zuverlässig: *reliable*
zuverlässiges Personal: *reliable staff*
zuversichtlich: *confident*
Zweck: *aim, purpose*
Zweigstelle: *branch*
Zwischenlandung, Zwischenstation: *stopover*